Título: Mi vida en el Sáhara

Octubre de 2019

Dedicado

a mi hija Amparo

MI VIDA EN EL SÁHARA

Concepción Ruiz Mínguez

PRÓLOGO

Estos relatos, vivencias, sueños, historias, recuerdos e ilusiones de Conchi durante una importante etapa de su vida, nos retrotraen a una época muy reciente y un poco triste, no sólo de sus experiencias personales y profesionales, sino también de una etapa de nuestro país en la vecina costa occidental del continente africano.

El Sáhara que fue territorio de dominación española durante muchos años y que hoy ocupa, no sé si con derechos o no, el Reino Alauita de Marruecos, después de cuarenta largos años ni las Naciones Unidas ni el resto de Organismos internacionales consiguen ponerse de acuerdo sobre los derechos y obligaciones de unos y otros. Entretanto, el pueblo saharaui sigue vagando por el desierto en busca de su identidad y su destino.

Yo sólo quiero hablar de Conchi, esta mujer que mantiene su espíritu, su eterna juventud de cuerpo y alma.

Su existencia no ha sido nada fácil. Ya en el Sáhara sufrió hasta tres atentados contra su vida, pero su enorme fortaleza, sus tremendas ganas de vivir, le han permitido llegar a esta etapa con la satisfacción de haber hecho siempre lo más correcto, lo que su conciencia le dictaba en cada momento.

Estas experiencias le permitieron desnudarse para tomar un baño de arena bajo la Luna del Desierto, o meterse en el agua vestida con una túnica en las interminables playas de la costa de El Aaiún donde conoció a Ahmed, su amigo pescador, seguramente el personaje más enigmático y sabio que pasó por su lado.

Gracias Conchi, por habernos permitido conocer un poco más de ese desértico paraíso terrenal.

Pablo Cruz Corona

Os hablaré de mi vida, aunque en estos momentos me encuentre lejos, muy lejos de poder hacerlo y posiblemente las cosas más importantes se queden en ese baúl de recuerdos que no quiere ser abierto, en ella se guardan las cosas más bellas, pero también las más dolorosas y siempre aparecen en los sueños sigilosamente, sin avisar y cuando no has pensado al buscar el descanso que quieres vivirlos, pero aparecen. Los que sueñan de día son conscientes de muchas cosas que escapan a los que sueñan de noche. La noche nos arrebata los sueños más hermosos en el momento justo en que no quisiéramos despertar y se van como las mariposas sin dejar rastro de sus alas, pero alegres de haber podido volar, o como las luciérnagas que con su luz desconciertan a las estrellas cuando titilan entre las hojas mientras las montañas derrotadas por la niebla se dan cuenta de toda la inmensidad que las rodea, de esas pequeñas cosas que, aunque no dejan huellas, siempre quedan en el corazón. Es posible también que ese misterio haya de ser asimilado en largas dosis para no caer en el temor de aquellos que creemos olvidado y que puede llenar el alma de inquietudes.

Cuando nací mi única hermana ya se me había adelantado una belleza de niña, morena y de ojos negros como la noche, oscuros como los de mi padre. En aquellos tiempos no se sabía lo que iba a llegar y él, mi padre, deseaba un niño. Pero ahí llegaba yo y como me contaban, se veían unos brazos y piernas muy largos y la boca como un túnel de llanto y lágrimas difícil de consolar hasta que me pusieron en los brazos de mi madre, creo que fue una decepción para mi padre, pero supongo que pasajero. A partir de ahí, mi madre no quedó bien y no vinieron más hijos lo que fue creando en mí una culpabilidad de haber sido el motivo de sus males al nacer, una culpabilidad que me ha perseguido toda la vida por aquella frase inconsciente de familiares y amigos que para nombrar el mal de su alumbramiento no era otro que "desde que nació Conchi" y eso fue criando en mi interior y que ahí sigue a pesar de los muchos años. Fui una niña alegre, feliz, amaba a la luna y las estrellas y si me perdía ya sabían dónde encontrarme, mirando al cielo y frente al mar. Hoy día tengo nombres puestos a algunas estrellas y las sigo contemplando.

Mis padres

Mi padre era médico de aquellos de antes, la consulta en la propia casa y visitando a los enfermos de día y de noche, me gustaba ayudarlo y me envolvía materialmente en una bata blanca y me indicaba como hacer. Quise ser médico, lo llevaba muy dentro, pero por aquel entonces mandar a una hija desde Melilla a Valencia a estudiar, era misión imposible. Pero mi amor y dedicación a la medicina me ha servido de mucho y practicado en cosas menores que sigo haciendo.

Mi madre atendía a los familiares que esperaban en el comedor, que era como la sala de espera, siempre la bandeja de dulces en la mesa y lo que quisieran tomar. Mamá era una mujer muy bella, yo no podía ver su corazón ni su alma, pero creo que eran aún más hermosos. De piel blanca y suave, sus manos cuando se movían eran como palomas cuando van a levantar el vuelo y tenía un don especial, cuando a mi padre le dolía el estómago o mi hermana y yo teníamos algún tipo de dolores, nos pasaba las manos en unos movimientos tan especiales que me cuesta definir, pero siempre he tratado de imitar y curiosamente también hacen efecto. Era rubia de ojos acaramelados y me hacía unas largas trenzas y lazos de seda a juego con el vestido. Hasta con sus lindas batas y zapatillas a juego de estar por casa, era la mujer más linda del mundo.

La puerta de mi casa siempre estaba abierta y se hacía comida de más para aquellos que venían a visitarnos. Mis padres eran bondadosos, caritativos y yo me eduqué en un ambiente de gran amor, dulzura y ese deseo que aprendí de que, cuando alguien nos necesita, hemos de estar ahí para ellos.

Mamá murió a los 42 años, bella como una virgen, yo tenía 19 y hacía dos meses que me había casado. La necesité mucho, más que nunca, pero aprendí a hablar con ella, la sentía muy cerca de mí y hasta, a veces, olía a esa gotita de su perfume preferido de Maderas de Oriente. Me enseñó que no hay que perfumarse mucho porque abandonamos un poco nuestro propio aroma personal, detrás de las orejas y en las muñecas, lo sigo haciendo.

El día de su entierro tuvo que parar la circulación para dar paso a la carroza de seis caballos hasta el cementerio. Antes no dejaban ir a las mujeres, de todas formas, yo había perdido el conocimiento y desperté con la voz de mi abuela que me llamaba entre lágrimas.

Mis abuelos

Los abuelos son los verdaderos pilares de las familias y cuando de niños lo llegamos a entender, nos damos cuenta de esa dimensión. El abuelo era algo más que una persona, la abuela la prudencia, los consejos, la vigilante perpetua de nuestras andaduras, el eje sobre el cual giraba toda la familia. Los verdaderos abuelos nos marcan para siempre como hierro candente en nuestros corazones.

Mi abuelo Francisco y mi abuela Concha, los padres de mi madre, vivían con nosotros. Mi abuelo fue capitán de navío, valenciano, de esos que tardaban más de un año en volver de lugares lejanos, mi abuela de Torrevieja, Alicante, once hijos. Y claro, cada vez que tocaba tierra encargaba uno y al volver y ver un pequeñajo más preguntaba a la abuela ¿y éste quién es? y ella le contestaba "tu hijo".

Yo adoraba a mi abuelo, me sentaba a su lado para enseñarme a hacer redes, pero no me dejaba tocar el punzón. Y me hablaba de sus viajes, de la luna sobre el mar, las estrellas, las tormentas que doblaban las velas y había que agarrarse a los palos. Mi abuela se enfadaba un poco y le reprochaba que me llenara la cabeza de fantasías, pero el problema no eran las "batallitas" de mi abuelo, era que yo ya nací con mis fantasías puestas y las conservaré hasta el fin de mis días. Yo tenía ocho años cuando murió de tuberculosis, estaba con unas paperas y fiebres muy altas y de repente me puse a llorar y a llamar a mi abuelo, estaban en otra casa por el temor al contagio. Mi abuela apareció en nuestra casa despavorida porque mi abuelo mientras agonizaba solo me llamaba ¡Conchetta, Conchetta! Y pensaban que me llevaba con él. Fue mi primer gran dolor de niña que tardé mucho en superar y hay noches que miro las estrellas y lo veo con sus rubios bigotes y la pipa en la boca mientras me habla de la mar.

De mis otros abuelos solo conocí a la abuela María del Carmen, mi madre Carmen y mi hermana también Carmen. Tenía en su habitación señorial y enorme que daba a una galería llena de macetas y para desesperación de mi tía Damiana, hermana de mi padre, cuando todos los primos nos dedicábamos a jugar, allí como os decía, tenía una imagen de la Virgen del Carmen dentro de una vitrina de su mismo tamaño y que me encantaba contemplar. Mi abuelo Martín, cuando mi padre tenía ocho años y estrenaba su primer pantalón largo, lo atropelló un coche. Fueron ocho hermanos, seis varones y dos hembras.

El gran dolor de mi vida, la muerte de mi hijo Miguel con 23 años, un ángel que me regaló el amor y la vida, el más joven de cinco. Él me enseñó antes de partir, a entender que su vida estaba en otro lugar, que me había elegido para hacer su travesía por esta vida, en todo me recordaba a mi madre y él, sin haberla conocido, llevaba su fotografía en su cartera. Muchas veces en mis noches desveladas pienso si no se habrían puesto de acuerdo Allá, donde van las almas buenas y nobles, para elegirme a cumplir alguna misión que quedó pendiente. Poco después mi marido también fue llamado a esa otra vida en la que creo.

Estoy segura de que todos hemos pasado por ello en nuestras familias y en nosotros mismos, hay diferentes colores para diferenciar el nombre de cada enfermedad, he tenido diferentes colores en mi familia, el mío propio ha sido negro, pero con mi fe y la fuerza de la esperanza y del amor, le he puesto el color de la vida, un arcoíris esplendoroso.

El SÁHARA

La vida es un largo camino con piedras y bifurcaciones, pero nunca sabremos qué nos espera al final de ese camino, sólo sabemos que existe y que cada día nos acercamos más a él. Una de esas bifurcaciones me llevó a un lugar donde jamás había pensado que podría ir, vivir allí y con el tiempo dejar parte de mi alma y hoy, a pesar de los años que han pasado siento el recuerdo vivo, latente, con penas y alegrías, todos los momentos de una gran parte de mi existencia. El destino iba a escribir un largo capítulo de la historia de mi vida en el desierto más grande del mundo, en Aaiún en el Sáhara, que surge en medio del desierto como lo que es, un oasis. Era una ciudad apacible y acogedora y sus gentes amables y cercanas.

AMISTAD Y ENTENDIMIENTO

«Aquí el hombre es escaso, por lo tanto, importante. Para el nómada, la posesión es importante, por eso da, suyos son el tiempo, el espacio y la tierra que pisa; por eso es libre. No tiene nada: por eso lo tiene todo. Al lado de esa riqueza lo nuestro es miseria. Amarrados a los horarios y a las cosas, a las ideas y a los prejuicios, ¿qué sabemos nosotros de libertad? quizá por eso hablamos tanto de ella: siempre se habla de lo que no se tiene. Aquí, la gente no habla de libertad; la vive, ni de la generosidad; la practica. Ni de la fraternidad entre los hombres, un hombre solo no vale nada en el desierto» (Sáhara de cada día, M. Dolores Serrano (La Vanguardia Española, 20 julio 1974)

La provincia del Sáhara se encontraba ubicada en el extremo occidental del desierto africano, fronterizo con Marruecos al Norte; Argelia en el Oeste y Mauritania entre el Oeste y el Sur, quedando la frontera occidental delimitada por el Océano Atlántico, con una

EJEMPLO DE CONVIVENCIA

longitud total de 2.071 km y una costa de 1.162 km, su extensión superficial era la mayor de toda España con 266.000 kilómetros cuadrados, poco más que la mitad de toda la Península Ibérica.

Según se indicaba en el Atlas Nacional de España, el suelo del Sáhara está formado por un bloque básico muy antiguo, sobre el que se han depositado posteriormente materiales sedimentarios y eruptivos. Los geógrafos Hermanos Hernández-Pacheco señalaron que la muerte y fosilización del Sáhara es producto del clima cuaternario actuando en las épocas glaciares.

La costa es, en su mayoría, acantilada, con fuertes rompientes y pocas bahías buenas. La zona de playa arenosa se extiende mar adentro. Se trata de un litoral casi rectilíneo, sin refugios naturales, que resulta un tanto peligroso para la navegación debido a la formación de brumas y neblinas.

ATLAS NACIONAL DE ESPAÑA

EL AAIÚN

El Aaiún fue y sigue siendo, la ciudad más importante del Sahara Occidental. La autoproclamada República Árabe Saharaui Democrática la considera su capital, pero en la

EL AAIÚN EN 1975

práctica se encuentra ocupada y administrada por Marruecos. Está situada en el interior del territorio, a 28 km de la costa norte, junto al cauce seco del río Saguía el Hamra. En la época a la que me refiero en este relato (1971/76) tenía un total de 24.048 habitantes:

La ciudad no tiene grandes elevaciones y se encuentra en el cauce de un río seco. Situada a unos 300 km de Las Palmas de Gran Canaria y a unos 870 km de Rabat, es la más próspera del territorio, con pocos recursos naturales y no posee suficientes precipitaciones como para abastecer la mayoría de las actividades agrícolas. Su economía se centra en el pastoreo nómada, la pesca y la extracción de fosfatos, de los que constituye el mayor yacimiento del mundo Occidental.

Entre mis evocaciones más íntimas de esta ciudad, recuerdo especialmente el cine Las Dunas; el tocadiscos del Oasis; el 7-Up en el Parador; la heladería del canario; el bar de Pepe el riojano, la autoescuela Sáhara, donde obtuve mi carnet de conducir, los tapices, los relojes Seyko; Correos y telégrafos, el Banesto, la piscina municipal, las dunas hasta Cabeza Playa, el barrio de Casa Piedra y todos aquellos lugares por donde tantas y tantas veces paseamos en nuestra estancia.

Como en el resto del desierto del Sahara, el clima de la ciudad es muy seco y caluroso, registrando unas precipitaciones muy bajas durante todo el año. Los meses más calurosos son julio y agosto que son también los que menos precipitaciones tienen, los meses de la estación de las lluvias son los más frescos y disfrutan la gran mayoría de las que caen a lo largo del año.

El estatus legal del territorio y la cuestión de la soberanía están por resolver. Se encuentra bajo el control de Marruecos, pero el Frente Polisario, que constituyó en 1976 la República

Árabe Saharaui Democrática, lo disputa. Desde entonces los dos bandos se han enfrentado militar y diplomáticamente en varias ocasiones y con diversos grados de intensidad. La ciudad cuenta con lo que podría ser considerado un alcalde, designado por Marruecos, que se encarga de tomar las decisiones importantes sobre lo que hay que hacer en cada momento.

La ciudad está bien comunicada con las ciudades y núcleos de población vecinos. En cuanto al transporte a mayor escala se refiere, la ciudad cuenta con el aeropuerto Hassan I en sus cercanías donde operan diversos vuelos regulares tanto a España, principalmente a Las Palmas de Gran Canaria, como a varias ciudades importantes de Marruecos.

Según datos de 2009, el número de habitantes se estimaba en más de 195.000. Es fácil apreciar la gran evolución que ha sufrido en los últimos 50 años. Lo que queda de la antigua Aaiún se reduce a la Iglesia de San Francisco de Asís, el Casino, el Parador, el Colegio y poco más.

PARADOR NACIONAL 1974

La iglesia nació para servir a la abundante colonia española, pero tras 1975 quedó casi vacía durante cinco años y fue el alto el fuego de 1991 y la llegada de los cascos azules de la ONU la que le devolvió algo de vida, pues los cristianos de la misión multinacional, incluidos los protestantes, son los que ahora acuden a las misas del sábado y el domingo, que con suerte llegan a las veinte personas.

Muy cerca está el antiguo Casino Español, casi fantasmal con su salón de baile vacío y su sala de actos donde retumba el eco de los pasos. Levantado a fines de los años sesenta, hoy sirve de base de la Depositaría de bienes del estado español en el Sahara.

COLEGIO LA PAZ

Entre las propiedades españolas un enorme edificio escolar, el Colegio La Paz, en su día el mejor colegio de El Aaiún y donde se formaba la élite saharaui, y que alberga ahora a menos de treinta alumnos, lejos del millar que llegó a tener en sus años dorados, a principios de los años setenta.

El Parador, un edificio inaugurado por el ministro Manuel Fraga Iribarne a fines de los sesenta y planeado como el hotel más lujoso del territorio, con sus fuentes en mitad de los patios y sus arcos ojivales. "Interesante el artículo de Ansapa, si bien debo comentar que el Parador de El Aaiún, no se entregó a Marruecos, lo entregué yo en nombre de la Administración Turística Española al Ejército Español y posteriormente ellos lo cedieron", dice Antonio Embiz Fábregas en su página de Facebook.

EL AAIÚN HOY

VILLA CISNEROS

En cuanto a Dajla «La Interior», conocida
en aquella época como Villa Cisneros, es una
ciudad del Sahara Occidental que la considera
capital de la región de Dajla-Río de Oro. Se
encuentra a unos 550 kilómetros al sur de El
Aaiún, en la costa atlántica del país, sobre una
estrecha península que se extiende paralela a la

GÓMEZ DE SALAZAR Y R. DE VIGURI

costa en dirección noreste-suroeste. Actualmente tiene una población de algo más de 100.000 habitantes. Según el censo realizado por el coronel Rodríguez de Viguri, en 1976 tenía apenas 6.554.

Esta ciudad tiene una simbología especial para España, ya que en ella se arrió el 11 de enero de 1976 la última bandera española en el Sáhara. En su lugar fue izada la bandera de Mauritania. Fue el último día que las tropas españolas desfilaron por esta ciudad.

EL ÚLTIMO DESFILE

La historia de Villa Cisneros empieza el 4 de noviembre de 1884 cuando una expedición española al mando del capitán de infantería Emilio Bonelli y Hernando, funda Villa Cisneros en un lugar de la península de Río de Oro que los nativos llamaban Dahla-es-saharía, que en árabe significa "la interior", "la entrada" o "la puerta". La guarnición de esta ciudad estaba compuesta principalmente por el 4º tercio de la legión Alejandro Farnesio, mientras que en Aaiún se implantó el 3º Sahariano Don Juan de Austria. Ambos tercios se establecieron en el Sáhara cumpliendo una orden de agosto de 1958, añadiendo a su nombre el apelativo de "Saharianos".

El interés español por el Sahara Occidental fue fruto de las actividades pesqueras llevadas a cabo desde las cercanas islas Canarias. En 1881 un pontón fue fondeado en la costa de la península de Río de Oro para apoyar las tareas de la flota pesquera canaria. Sin embargo, no fue hasta 1884 cuando se fundó Villa Cisneros. Ese año, en una operación promovida por la Sociedad Española de Africanistas y financiada por el gobierno de Cánovas del Castillo, el militar y arabista español Emilio Bonelli reconoció la costa entre cabo Bojador y cabo Blanco, fundando tres establecimientos en la costa saharaui: uno en Villa Cisneros, en honor al cardenal Cisneros; otro en cabo Blanco, al que dio el nombre de Medina Gatell y otro en Angra de Cintra, con el nombre de Puerto Badía, en honor de Domingo Badía, militar, arabista y aventurero catalán, conocido también como Alí Bey, que tiene una calle denominada Explorador Badía ubicada en el Rastro junto al antiguo Mercado Central de Melilla. Bonelli consiguió que los habitantes nativos de la península de Río de Oro firmaran un acuerdo mediante el cual se ponían bajo la protección de España. Gracias a la presencia de los tres puestos, en diciembre de ese año, el gobierno español ponía en comunicación de las potencias reunidas en la Conferencia de Berlín, que se adjudicaba la posesión del territorio situado entre los cabos Bojador y Blanco. Sin embargo, tanto Medina Gatell como Puerto Badía fueron abandonados poco tiempo después, permaneciendo solo Villa Cisneros como establecimiento permanente.

Durante mucho tiempo, Villa Cisneros constituyó la única presencia española en el territorio saharaui. No fue hasta la segunda década del siglo xx que la presencia española se amplió. Villa Cisneros fue la capital de Río de Oro, una de las dos regiones en las que se dividía el Sahara español. Se construyeron una fortaleza (derribada por Marruecos en 2004) y una iglesia católica, que aún hoy constituye un punto de interés para los visitantes de la ciudad.

Entre 1975 y 1979, Dajla fue la capital de la provincia mauritana de Tiris al-Gharbiyya, constituida sobre la porción del Sáhara Occidental anexionada por aquel país. En 2005, la ciudad se convirtió en el escenario de graves protestas en contra de la ocupación por parte de Marruecos.

VILLA CISNEROS HOY

El 25 de mayo de ese mismo año, la Policía marroquí disolvió la manifestación pacífica en apoyo a la independencia y al Frente Polisario en el marco de las protestas en las calles de los principales núcleos urbanos del Sahara Occidental junto a las protestas pro-saharauis en algunos centros universitarios marroquíes.

En la actualidad, y tras la paulatina disminución de la violencia, la ciudad trata de basar su crecimiento en la industria turística, apoyándose en las abundantes playas que la rodean.

POLICÍA TERRITORIAL

Otro cuerpo de gran relevancia en los acontecimientos que les estoy narrando fue la Policía Territorial del Sáhara, creada en 1960 con dependencia directa del Gobernador General del Territorio. Las funciones de la nueva Policía Territorial eran: Orden público, vigilancia de fronteras, investigación e información, persecución de delitos, protección de personas y propiedades y en general el velar por el cumplimiento de las Leyes.

Al mando de la Policía Territorial estaba un Teniente Coronel, el resto del cuadro de mandos podía proceder de cualquiera de las Armas del Ejército de Tierra, de la Infantería de Marina, la

Escala de Tropas de Aviación o de la Guardia Civil.

IMAGEN DE LA ÉPOCA

Respecto a la tropa una parte eran indígenas, con la consideración de Tropa Profesional y parte provenía de reemplazo. Se les conocía como Agentes de Policía y a los suboficiales y cabos como Instructores de Policía, salvo el cabo profesional de Tráfico en El Aaiún. Se disolvió en febrero de 1976 a raíz de la descolonización del Sáhara y sus mandos trasladados a diferentes destinos.

Uno de estos oficiales era mi marido José Miguel Jáimez Alcaraz, por aquel entonces oficial de farmacia militar, al que podemos ver en una fotografía tomada a la puerta del edificio de la radio, durante la visita de la Organización de Naciones Unidas al Aaiún.

JOSÉ MIGUEL JÁIMEZ

La Policía Territorial contaba con unos 1.200 hombres aproximadamente, entre Plana Mayor y Mando; Unidad de Instrucción; Unidad de Destinos; Compañías de Policía; Orden Público y Trafico, todas ellas en El Aaiún, y una segunda Compañía con Vigilancia de fronteras, Aduanas, etc., con cabecera en El Aaiún, aunque dispersa en varios puestos y patrullas por el nordeste del territorio. La 3ª Compañía en Smara y una 4° Compañía con cabecera en Villa Cisneros, Vigilancia y orden público con destacamentos y patrullas por el Sur del Sahara.

La tercera población en importancia era Smara, la única ciudad significativa del Sahara Occidental que no fue fundada por los españoles. En 1898, un jeque saharaui llamado Ma al-'Aynayn funda la ciudad en una zona rica en pastos y agua alejada de la costa, pero bien situada para controlar las caravanas que se dirigieran hacia el norte.

Este jeque se nombra imán y combate a los españoles desde dicho año, resistiendo gracias a la ayuda del sultán de Marruecos hasta 1910. Ese año, el sultán retira su ayuda debido a las presiones francesas, de forma que el jeque ayudará a los combatientes antifranceses del sur de Marruecos. En 1913 Francia ocupa Smara, destruyéndola casi completamente, y se la devuelve a España. La resistencia fue decreciendo hasta que termina en 1920. Finalmente, en 1934 el capitán Carlos de la Gándara al mando de meharis indígenas entró en el oasis, haciendo efectiva la ocupación.

A partir de finales de los años cincuenta, con la instalación de un cuartel de la Legión Española y otro de la Agrupación de Tropas

Nómadas del Sáhara se fue creando un núcleo urbano moderno, con servicios como Correos, un dispensario médico, escuela, gasolinera, aeródromo, etc., algo que facilitó los esfuerzos de las autoridades coloniales por sedentarizar a los nómadas.

El Frente Polisario se fundó en esta ciudad el 10 de mayo de 1973. Los marroquíes la ocuparon el 27 de noviembre de 1975, causando un éxodo de saharauis hacia Argelia para escapar de las represalias marroquíes por su apoyo al Frente Polisario. En su huida hacia Argelia, las fuerzas aéreas marroquíes utilizaron napalm, una gasolina gelatinosa combustible que produce una combustión más duradera que la de la gasolina simple, fósforo blanco y bombas de fragmentación contra los refugiados. Amnistía

Internacional estimó las bajas en más de quinientas.

En 2005, la ciudad se convirtió en el escenario de graves protestas en contra de la ocupación marroquí. El 25 de mayo de 2005, la policía marroquí disolvió una manifestación pacífica en apoyo de la independencia y el Frente Polisario en el marco de la nueva Intifada en las calles de los principales núcleos urbanos del Sahara Occidental junto a las protestas pro-saharauis en algunos centros universitarios de Marruecos. Según datos estadísticos de 2014, su población supera actualmente los 57.000 habitantes.

En los alrededores de esta ciudad se desarrollan multitud de árboles de la especie denominada argán, dando lugar a industrias de producción del valioso aceite que se extrae de sus semillas

El aceite de Argán, también conocido como oro del desierto, es un producto cosmético y comestible que se obtiene tras un proceso de secado de los frutos del árbol de Argán (Argania spinosa) expuestos al sol. Una vez secos, se extrae la semilla de la almendra manualmente y pasa a prensarse en frío.

SMARA HOY

NUESTRA LLEGADA

ANTIGUO AEROPUERTO DE EL AAIÚN

El primer contacto con el Sáhara fue la llegada al pequeño aeropuerto donde nos recibió el primer cálido viento que soplaba casi de siroco. Con el cartel de la fachada principal al fondo está una de mis hijas que pone cara de sorpresa mientras se sujeta la faldita escocesa. Desde allí nos trasladamos en un taxi que nos llevó a la residencia donde pasamos las primeras semanas.

Me adapté rápidamente, al principio en una especie de casa en donde lo más moderno era la puerta que daba a la calle sin aceras, el techo un gran agujero por donde entraba la luz del día y la oscuridad de la noche y algunas estrellas. No

IGLESIA SAN FRANCISCO DE ASÍS

había luz eléctrica, teníamos velas, dos paredes separaban las estancias que servían de dormitorios con unas literas de hierro que amablemente nos habían puesto. Las cabras campeaban a sus anchas por ese asfalto de tierra y piedras y si salía a tirar la basura me seguían para comerse los papeles. La cabra era el animal indispensable para los saharauis para su alimentación y cuando envejecían las sacrificaban y les servía de alimento. Gracias a Dios, la iglesia de San Francisco de Asís estaba muy cerca.

Esa estancia en precario duró poco tiempo, hasta que el secretario general del Sáhara Occidental, el coronel Rodríguez de Viguri a un requerimiento mío, ya que fue él quien decidió nuestra estancia allí, nos dieron una casa que pertenecía al Gobierno. Con la nueva y bonita casa, la llegada de los muebles y todos los enseres, ya fue un agradable hogar cómodo y acogedor junto al cauce del río que en realidad no lo era, y que allí le llamaban la Saguía, el agua posiblemente corriera siglos atrás, pero era el lugar idóneo para que los niños y mayores practicaran algo parecido al fútbol. Rodríguez de

Viguri se ganó nuestra estima y consideración. Luego, con el paso del tiempo, esa estima se convirtió en admiración y respeto a un gran militar y mejor persona. Hablaré nuevamente de él más adelante.

LA NAVIDAD

La llegada al Sáhara fue en octubre de 1971, diciembre estaba cerca y llegó nuestra primera Navidad en aquel territorio. Yo preparaba en la Nochebuena la cena para mi familia, la señal de televisión que nos llegaba de Canarias apenas se podía ver y era la radio nuestro acompañante

LA FAMILIA AL COMPLETO

50

habitual, invité a varios amigos a cenar que habían llegado antes que nosotros. De pronto, la voz de Concha Piquer llenó el ambiente con su sentido tema "En tierra extraña" y así fue, ya nadie reía y todos llorábamos. Los niños nos miraban y algunos se cobijaron en nuestros brazos y dejaron de ver aquellos borrosos dibujos animados. De repente y dado mi forma de ser, llené las copas con vino español y brindamos por España y por la tierra que en esos momentos nos acogía, más tarde todos reíamos y nadie lloraba. Cantamos villancicos porque no faltó el belén con ramas de palmeras y la misma arena del Sáhara. Fue una gran noche, de las más hermosas que recuerdo. Allí viví cuatro años desde 1971 a 1975.

Por fin llegaron las cajas procedentes de Melilla, de todos los tamaños con muebles y enseres, algunos en condiciones lamentables, pero sólo con verlos sentimos la sensación "de hogar".

Había pasado la Navidad y los Reyes Magos estaban en camino. ¿Qué hacer para que no faltara nada en aquel rincón de cajas y arena? Me fui a recorrer las calles de la ciudad y para mi sorpresa encontré una tienda de juguetes, la dueña una simpática señora de Las Palmas, al verme tan apurada y triste, me dijo que no había ningún problema, qué deseaba y lo pedía a Las Palmas. Le hice una pequeña lista y me fui con el corazón saltando de alegría.

Al día siguiente me avisaron personalmente (por supuesto no disponíamos de teléfono y el móvil ni siquiera se había inventado) que todo estaba allí: muñecas, bicicletas, balones y hasta un juego de ajedrez que nos vino muy bien a los mayores en las largas tardes.

Como dice la canción, han pasado los años, pero no olvidaré las caras de mis hijos cuando al amanecer se encontraron que los Reyes Magos también visitaban el Sáhara.

Mi pequeño y adorado Miguel con sus lindos seis meses, no pudo disfrutar de su bicicleta, pero ya nos encargábamos nosotros de subirlo y hacer que caminaba.

Me sentí inmensamente feliz.

MIS ESCAPADAS

Si algo me atraía y se adueñaba de mí eran esas escapadas a través del desierto, sola, con mis curiosidades y mis sueños. Me advertían que era peligroso, pero podía más la atracción que sentía. Me había comprado un Seat 127 de un color rojo indefinible y resultó ser como fabricado a la medida para mí, de hecho, vivió

LA VÍBORA DE ARENA

muchos años. Los atardeceres son imposibles de definir, de 40 grados o más, a los 7-10 como máximo de la noche. La danza invisible del siroco hacía temblar las ramas que milagrosamente crecían a los pies de las dunas y las estrellas en su titilar latían con una intensidad como jamás había visto antes. Y de repente y sin avisar, detrás de una duna que casi rozaba el cielo, aparecía la luna, esa luna que no he vuelto a ver en ninguna parte. Las palpitaciones de mi corazón se aceleraban ante tanta belleza y me olvidaba de las recomendaciones de la existencia de las víboras cornudas, llamadas así porque tenían cuernos en la cabeza y si picaban inyectaban un veneno muy poderoso, bastantes personas cayeron por ese veneno, el color de su piel se confunde con el de la arena.

Por prudencia me quedaba dentro del coche, habida cuenta que la víbora cornuda o víbora de arena (Vipera ammodytes) es una especie de serpiente de la familia Viperidae. Se encuentra en el sur de Europa, a través de los Balcanes y en lugares del Oriente Medio y es considerada la más peligrosa de las víboras venenosas europeas, en relación a su tamaño, largos colmillos (más de 13 mm) y alta toxicidad. Su nombre científico se deriva del griego ammos "arena" y dutes "excavador", que no es la mejor descripción para un animal que en realidad prefiere vivir entre las rocas.

INMENSAS PLAYAS

Los fines de semana nos íbamos a la Residencia Militar junto al mar, ese mar infinito mezclado de verde y azul y espuma blanca. El agua siempre fría, a mitad de camino nos parábamos en una duna no muy grande y mis tres hijos mayores y yo nos dejábamos rodar por las laderas de arena, los dos pequeños se quedaban con su padre que se negaba rotundamente a mis aventuras. Llenos de arena nada más llegar nos tirábamos al mar y allí la dejábamos. Yo miraba al cielo y veía enormes bandadas de pájaros, centenares, algunos caían al mar, tenían que volar 60 horas seguidas para cruzar el Desierto, según me contó un viejo pescador saharaui que era un sabio y me enseñó muchas cosas que no olvido porque siempre tuve ansias de saber.

BAÑO DE SOL Y ARENA

Uno de esos atardeceres de mis escapadas tuve una experiencia y muchos reflejos. Me vi obligada a frenar de golpe porque en medio de la carretera unos ojos deslumbrados por los faros encendidos, ya estaba empezando una tormenta de arena, miraban la luz sin moverse. Nunca había visto algo semejante. Toqué con fuerza el claxon y salió disparado a esconderse tras las dunas. Más tarde me explicaron que era un zorro del desierto, el más pequeño del mundo, con unas orejas enormes que los resguardan de los fríos de la noche. El Fennec, también conocido como zorro del desierto, es un pequeño miembro de la familia canina.

EL ZORRO DEL DESIERTO

Son originarios de las zonas áridas que se extienden desde el desierto del Sáhara hasta Arabia. Los Fennec pueden ser mantenidos como mascotas, aunque no son muy comunes. Son animales pequeños con enormes orejas que les sirve para detectar sonidos mínimos de posibles

59

presas de su dieta y para refrigerarse del calor del desierto a través de sus vasos auriculares. Se comportan de manera muy similar a los perros, pero como no están domesticados se requiere una cuidadosa socialización, así como precauciones contra la evasión. Los zorros Fennec tienen un peso adulto de apenas 900 gr a 1,6 kg, con una gruesa capa de pelo suave, corto que es de color blanquecino en la parte inferior y de color rojizo o leonado en la parte posterior, con algunas marcas negras en la espalda y la cola. Son animales muy activos, rápidos y ágiles que emiten sonidos agudos. Son limpios y podrían ser educados, pero está prohibido por las autoridades lugareñas. ¿Conviviría con las culebras o también serían sus víctimas? - me pregunté muchas veces.

JAIMA TÍPICA

Entre sus normas de convivencia existen dos detalles absolutamente irreemplazables, la «jaima», especie de tienda de campaña que se levanta sobre altos palos y cuyo techo es de tiras de paño o de tejido de pelo de camello o de cabra con un suelo de esteras de esparto o junco. El grupo de «jaimas» acampadas en un lugar se conoce con el nombre de «frig»

El otro detalle es la ceremonia del té, rito obligado y repetido varias veces al día. Se trata de un té de color verde preparado con hierbabuena y abundante azúcar. En su elaboración se respeta toda una técnica y un formulismo muy particular. Calentada el agua en

PREPARACIÓN DEL TÉ

un gran recipiente, se va pasando a la tetera, colocada sobre el fuego, donde van elaborándose las diferentes tomas, que se distribuyen en pequeños vasitos de cristal. La primera, escasa en azúcar, dícese que es amarga como la vida; la segunda, dulce como el amor y la tercera, suave como una melodía, o como la muerte, que ambas fórmulas se suelen emplear. El ofrecimiento del té al visitante es una demostración externa del profundo espíritu de hospitalidad que anima al hombre del desierto, aunque en la ilustración 24 quien lo prepara es una mujer saharaui.

A los saharauis les encanta la vida nocturna, son conversadores infatigables mientras toman el aromático té moruno con hierbabuena, servido según su típica forma de prepararlo y escanciarlo. Un lujo para los sentidos beberlo en compañía de buenos amigos mientras se cuentan y se escuchan historias o las anécdotas simpáticas del día.

MI AMIGO EL PESCADOR

Al principio no me acercaba demasiado a las barcas donde faenaban los pescadores saharauis en sus aguas, porque eran sus aguas y cuando Marruecos les prohibió la pesca, se descubrió que en realidad no les pertenecía, sino que eran aguas saharauis, incomprensible error que dio mucho que hablar y tratar de buscar soluciones. Pero ahora no voy a hablar de eso, aparte de mi interés por ver las faenas en la pesca, a las mujeres colaborar en espera de las barcas y las admiraba porque creo que el no haber tenido esa experiencia, hubiera ayudado también, pero reconocía que jamás hubiese podido ni siquiera intentarlo, en primer lugar, porque sería una intrusa en sus costumbres y ritos y en segundo lugar que ya desde niñas era parte de sus obligaciones y educación. La mujer saharaui siempre ha tenido un gran e importante papel en las tareas cotidianas creo que muy poco reconocida, pero si muy respetada. Cada cual, en su lugar, por aquel entonces no se consideraba feminismo o machismo a la tarea conjunta de vivir la vida con un orden disciplinado.

Como una mañana más el viejo pescador, y digo viejo por su aspecto, por su condición de vigilante de las barcas y ese largo bastón que solía tener siempre entre sus manos y sólo lo soltaba para amarrar los cabos que desde los barcos lanzaban a la arena.

No sé si yo o los dos, íbamos acercándonos cada día más. Se cruzaban nuestras miradas y no sé si compartía mi sonrisa, una barba blanca y gris cubría su cara, el turbante envolvía la cabeza y su cuello y la túnica cruda y arrugada de la sal que se secaba al fuerte sol en su cuerpo, pero si veía sus pies oscuros dentro de dos trozos de algo como esparto con una fina suela, posiblemente de camello, y sus manos maltratadas por las inclemencias del clima y la rudeza de su trabajo, me parecieron hasta hermosos ¿qué veía en ellas? No lo sé, en sus movimientos lentos y precisos me parecieron suaves y habladoras y sobre todo manos con paz.

Ese día me acerqué más, no tenía miedo, pero si un gran respeto a incumplir algunas de sus costumbres ya que nunca lo vi hablar con las mujeres y sólo ponía sus manos en la cabeza de algunos niños que muy pocas veces venían con las esposas, sus hijos supongo, pero retirados, muy lejos de la orilla.

MI AMIGO AHMED

Me acerqué más. Sentado en la arena y apoyado en ese palo tan especial meditaba, creo. El crujido de mis pies en la arena seca todavía no ardía la mañana, levantó la cabeza y nuestros ojos se encontraron. Un movimiento de su larga y puntiaguda barba me hizo pensar en una posible sonrisa y le sonreí. Extendió la mano de dedos largos y morenos y golpeó la arena muy cerca de él, entendí que me invitaba a sentarme junto a él, y lo hice. Con las piernas cruzadas al estilo del desierto y como nos invitaban en las jaimas, pero allí no había alfombras de mil estilos, sólo arena.

Junto a él una rústica tetera entre las manos, movió las manos con los ojos cerrados y en dos cuencos escanció el té, me ofreció uno de ellos. Estaba amargo y frio, pero pasó como una bendición por mi garganta seca y limpió la arena de mis labios.

Me miraba fijamente, pero algo había en su mirada que me sentí con una gran paz e instintivamente puse mi mano sobre la suya arrugada y seca, nos miramos a los ojos sin hablar, pero noté que algo nacía en mi corazón, esa amistad del amigo saharaui que vivirá en ti el resto de tu vida.

- ¿Tienes miedo? Me preguntó.

- No, no tengo miedo. Puso su mano en el corazón y yo hice lo mismo. Yo sabía que ese gesto quiere decir que eres mi amigo o ha nacido una amistad.

- Él me dijo:

- Sahebti (amiga) y yo le contesté

- Nubi (amigo)

- Tienes nesche (estrellas) en tus ojos, baraka (don divino)

- ¿Cómo te llamas? le pregunté

- Ahmed, el maestro.

- Yo, Conchi. También fui maestra ¿Qué enseñas?

- Salam, la paz para ti me contestó

- Salam

- Nosotros amigos. Miró al cielo y tocó mi cabeza que no llevaba cubierta, sema, riah, fisahebti (sol y viento) ¿tienes sed?

- Hag (sí). Volvió a tomar entre sus manos la tetera y sirvió té nuevamente, sólo un poco para tragarlo de golpe, ya no estaba frio.

Apoyado en el palo o bastón se puso en pie y me extendió su mano para ayudar a levantarme de la arena que ya ardía. Se llevó la mano al pecho (siempre la mano derecha).

- Ila-Lgad (hasta mañana)
- Hasta mañana, le contesté
- Salam
- Salam - dije yo también.

Cuando me iba a dar la vuelta me tocó el brazo y al volverme se había quitado esa especie de pañuelo o algo del turbante y con él cubrió mi cabeza hasta los ojos.

- Sukram (gracias)

Las barcas se acercaban a la orilla, las mujeres llegaban bajando con ligereza por una pequeña duna cargadas de cajas vacías de madera y los recipientes de barro con agujeros para seleccionar el pescado que les serviría para cocinar, aquellos que casi nadie compraba.

Cuando llegué a la residencia no os cuento lo que ocurrió, pero me sentía tan feliz y con tanta paz que pensé que tantos reproches y advertencias no me hicieran mella. Fui directamente a quitarme la arena con una manguera, mi hijo pequeño que, a pesar de sus dos años, aún mamaba, estaba dormido. Lo desperté y lo apreté contra mí, sus hermosos y dulces ojos me miraron y al sonreír se le escapó la leche por la barbilla. Así hasta los tres años que ya hubo que tomar medidas para que dejara de mamar. De todas formas, eran unos momentos tan íntimos entre él, Miguel, y yo, que sentí una gran tristeza. Mis otros cuatro hijos ya danzaban entre las piedras y la arena de la playa, esa que yo acababa de dejar.

Cuando el Sol dibuja el horizonte y lo pinta de colores, los pescadores saharauis con sus barcas sencillas y ligeras, las arrastran desde un montículo de arena hasta el mar. La marea está baja y tienen que caminar por heladas aguas de la noche hasta más allá de la cintura, siempre me ha asombrado el salto del agua a la barca de los hombres, curtidos por el Sol implacable del

desierto. De lejos contemplaba las maniobras y me preguntaba cómo de unas barcas tan simples podían aparecer aquellas redes que ellos mismos elaboraban. Las barcas a los golpes de mar ejecutaban una danza única, algo que me emocionaba y a la vez atemorizaba y cerraba los ojos para no verlas volcar. Pero no, allí seguían como seguía también yo, hipnotizada ante tan singular espectáculo. Navegan muy cerca de la playa, lanzas sus redes redondas y hondas y espero el momento de verlas salir del mar cargadas de peces que desesperadamente abrían sus bocas buscando vida saltando en el fondo y me daba pena. Se veían magníficos y brillantes a la luz del sol, los pescadores ponían sus barcas rumbo a la playa de nuevo para volcar las redes, de nuevo mi asombro al ver como controlaban su cargamento en grandes cajas de madera.

Para más sorpresa fueron llegando mujeres saharauis para ayudar en la faena e iban apartando aquellos peces que les iban a servir para su sustento, sujetaban los filos de sus túnicas y se introducían en el mar no muy lejos de la orilla y en unos cuencos de madera con pequeños agujeros, los lavaban procurando que, en la desesperación de los peces por liberarse, no cayeran de nuevo al mar. En esos días que me quedé en la residencia militar y comprobé que la vida de estos pescadores era fascinante pero muy dura desde el amanecer hasta cuando el Sol que había aparecido radiante y potente, dejó de serlo y comenzó su descenso por el infinito mientras el aire frio de la noche ya iba en aumento.

A partir de ese momento cuando iba al zoco o a los vendedores ambulantes, les compraba y crecía mi admiración por ellos.

LA LEGIÓN

SALIDA DEL ACUARTELAMIENTO

La Legión es una fuerza militar de élite dirigida y creada en 1920 por José Millán-Astray, encuadrada dentro de la Fuerza Terrestre del Ejército de Tierra Español. Los Tercios Saharianos tenían una orgánica propia, encuadrando cada uno de ellos – además de las Banderas de Infantería – a un Grupo Ligero de Caballería y una Batería de Artillería que fueron disueltas en 1.964. Además, el Tercio 3º contó con una Compañía de carros de combate AMX 30 llamada "BAKALI" en recuerdo al héroe legionario Daniel Gómez Pérez, precursor del arma acorazada en España. La situación política fue deteriorándose en los años setenta. Tras diversas amenazas de invasión por parte marroquí, a las que se respondió con el despliegue preventivo de las fuerzas españolas, y el intento de invasión pacífica en la denominada Marcha Verde, el gobierno español decidió el abandono del Sahara. El repliegue se efectuó de forma escalonada, el Grupo Ligero de Caballería II fue la última unidad en abandonar el territorio embarcando en Villa Cisneros el 11 de enero de 1976. El 3º Tercio quedó acuartelado en Fuerteventura y el 4º disuelto, si bien no por mucho tiempo.

Los cincuenta y cinco aniversarios de la Legión fueron celebrados por los españoles asentados en estas tierras áridas pero entrañables del Sáhara, se conmemoraba la efeméride de la fundación de la Legión.

CABRA DE LA LEGIÓN ESPAÑOLA, DESFILE DEL 12-10-2015 EN MADRID. FOTO CARLOS TEIXIDOR CADENAS

Cuando salíamos de nuestras casas para emprender el diario quehacer, lo hacíamos con el corazón henchido de alegría, de orgullo de raza y de renovado amor a la Patria porque sabíamos que desde el más allá, el ilustre soldado Don José Millán-Astray estaría contemplando orgulloso su obra, aquella obra que secundada por el entonces comandante Francisco Franco y un puñado de héroes llenaron las páginas de nuestra historia con las más brillantes gestas de honor, hidalguía y bravura.

No fueron banales los sueños ni proyectos de efímera gloria, sino hechos reales que han estigmatizados a la Legión a través de los años, acumulando gestas memorables hasta llegar a este glorioso aniversario en donde, se puede afirmar, que los Caballeros Legionarios son los mismos que en aquel histórico cuatro de septiembre de 1920 y los mismos que el 31 de octubre en Tarajal escucharon las palabras de Franco: "Este juramento ha tenido que celebrarse ante una enseña prestada, la Legión tiene que ganarse la suya" y bien que la ganaron. Estos de hoy son hombres de otra generación, pero con las mismas e idénticas realidades de valor, inteligencia, espíritu militar, entusiasmo, amor al trabajo, espíritu de sacrificio y vida, que son norma y guía virtuosa del Legionario. Sólo cabe decir: ¡viva la Legión!

PERIÓDICO La realidad

SIROCO

Conocía lo que era un siroco o "irifi" como se dice en la zona, sólo por las referencias de mis lecturas e imágenes, pero vivirlo ya era otra cosa.

Las primeras luces del día van apareciendo en la ciudad de Aaiún, se van escuchando los ruidos y las voces de cada amanecer. El Sol al principio tímido entró por las rendijas de las ventanas y en unos segundos despierta con todo su esplendor y el crujir de los coches aparcados en la puerta nos avisan que de los siete u ocho grados de la noche ya van progresivamente aumentando ¿a treinta, treinta y cinco, cuarenta...? Las horas siguientes lo dirían.

Pero ese día y a pesar de que eran las ocho de la mañana, todo está oscuro, el viento golpea contra las paredes con furia y la arena resbala como si fuera lluvia por los cristales. Miro al exterior y apenas se ve como una niebla, pero no húmeda, es arena, una tormenta de arena de siroco, esa masa de aire tropical seca y cálida que llega del desierto. El aire continental se mezcla con el fresco y húmedo del ciclón.

Es un polvo rojo que a veces trae tormentas y lluvias, aunque pocas veces he visto llover en el Sáhara y si lo ha hecho ha sido con fuerza mezclada el agua con la arena. Su velocidad es de casi cien kilómetros por hora o quizá más. Salir a la calle, abrir la puerta del coche para ir a trabajar, era una proeza con mérito. Tapada como un Tuareg, pero con gafas oscuras, el limpiaparabrisas no da abasto para limpiar los cristales y verse limpio de espesa arena y con el siroco llegan grandes cantidades de langostas que chocaban contra ellos. Las luces de las calles no se apagaban para dejar a la vista edificios y personas, a su alrededor langostas con el ruido

SIROCO DESDE EL COCHE

desagradable de sus alas. La agricultura se veía seriamente afectada por estos insectos. Y por supuesto, nosotros también.

El Sahel es una árida zona geográfica que atraviesa África de Oeste a Este. Antes era una zona llena de vida y de vegetación, pero desde hace décadas padece una sequía que ha hecho desaparecer a los árboles, morir a los animales y secado los pozos. El desierto ha invadido más de quinientos kilómetros de bosque y zonas de cultivo, el ochenta por cien de los animales han muerto. Los pastores nómadas han sido los más perjudicados por esta tragedia. Tuvieron que cambiar sus costumbres y concentrarse en asentamientos fijos cerca de algunos pozos de donde se podía extraer algo de agua, pero no en la cantidad suficiente.

Aún peor las plagas de langosta que se sumaron a la catástrofe.

El Sahel es la zona eco climática de transición entre la sabana sudanesa y el Sáhara del Norte. Este ambiente de sabana seca es particularmente propenso a devastadores años de sequía. Típicamente, varios años de lluvia anormalmente baja se alternan con varios años sucesivos de precipitación promedio o superior a la media. Pero desde finales de la década de 1960, el Sahel ha sufrido una extensa y severa sequía.

El diario.es en su sección "canariasahora" del 23 de julio de 2019 publicó una nueva contribución a ese debate, basada en un enfoque que podría denominarse "seguir el rastro de las calimas"; es decir, de los cientos de toneladas de polvo que los vientos arrastran cada año desde

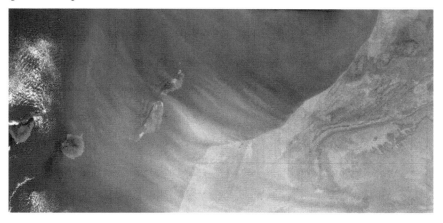

CALIMA SOBRE CANARIAS

el Sáhara hacia el Atlántico, con efectos incluso en América, cuyas consecuencias se pueden apreciar claramente en la ilustración de Canarias, con un episodio de calima procedente de África (EFE).

El mayor desierto cálido del mundo, el Sáhara, envía olas de polvo hacia el Atlántico y Europa desde hace al menos 4,6 millones de años, según acreditan partículas atrapadas en los suelos fósiles de Fuerteventura y Gran Canaria, dos de las islas más antiguas de las Canarias.

La edad del desierto del Sáhara ha sido objeto de importantes controversias en las dos últimas décadas: hay científicos que sostienen que hace sólo 4.000 o 5.000 años era un vergel salpicado de pantanos y lagos (Sincell, en Science 1999) y también quien retrotrae su transformación en un gigante árido siete millones de años atrás, al momento en el que se contrajo el mar de Tethys y comenzó a formarse el Mediterráneo (Zang, en Nature 2014).

El siroco es tan natural como la propia arena del desierto y que no ha quedado tan lejos de todos los que vivimos en el Archipiélago Canario, pero ya sin la crudeza del desierto.

LA MUJER SAHARAUI

"Sin las mujeres los derechos no son humanos". Así reza este mensaje en los campamentos de refugiados saharauis en Tinduf (Argelia) según un artículo publicado en «elPeriódico de Aragón».

Hace 43 años que la supervivencia del pueblo saharaui se apoya en generaciones de mujeres. El 27 de febrero se cumple el aniversario de la proclamación de la República Árabe Saharaui Democrática. La fecha recuerda la existencia de casi 200.000 personas que viven en el exilio en una de las regiones más inhóspitas del planeta.

Tras la descolonización española y la invasión de Marruecos, miles de saharauis huyeron de los bombardeos y terminaron organizándose en los campamentos de refugiados en Tinduf, un pequeño pedazo de desierto cedido por Argelia. Mujeres y niños construyen la población principal de estos campamentos: los hombres emigran para seguir la lucha en las zonas liberadas y son ellas las que llevan la organización y el sostén de lo que es hoy el país del pueblo saharaui en el exilio. Hoy en día, la mujer sigue siendo el eje de la sociedad saharaui. Este carácter típico de la mujer saharaui, no solo se ha desarrollado en los campamentos de refugiados, sino que muchas de las defensoras de derechos humanos en los territorios ocupados son mujeres.

Las mujeres han tenido un papel primordial en los campamentos. "Desde el principio lo teníamos muy claro: las mujeres queríamos que hubiera una plataforma para nuestro futuro estado, no podíamos meternos todos en la guerra, Marruecos estaba bombardeando nuestra zona liberada donde murieron niños, mujeres, familias enteras. Entonces trasladamos los campamentos a este territorio cedido por Argelia. Lo primero que pensamos es que las mujeres organizaran e hicieran una vida relativamente normal para que nuestro pueblo no se extinguiera y los saharauis pudieran seguir existiendo.

Alguien tenía que encargarse de esto y las mujeres hemos asumido este papel y nos sentimos muy orgullosas de ello. Nos congratulamos porque la organización de nuestros campamentos es un ejemplo en todo el mundo. Hemos logrado que miles y miles de saharauis (niños ayer, hombres hoy) estén en los campamentos trabajando como médicos, profesores, ingenieros, etc. Gente que se ha educado cuando estábamos todavía bajo los bombardeos marroquíes"

En la era precolonial la mujer saharaui gozaba de una gran libertad. Estos derechos ya prevalecían cuando en la sociedad pastoral nómada los hombres debían ausentarse largas temporadas para la trashumancia y el transporte de mercancías a través del desierto y eran las mujeres las encargadas de asumir la responsabilidad de la vida diaria y la organización.

EL PATIO DE MI A DAR

En 1974 se creó la Unión Nacional de Mujeres saharauis por la necesidad de unión de todo un pueblo por el derecho a la autodeterminación y por la conciencia de la importancia de visibilizar la presencia y protagonismo de las mujeres en la sociedad saharaui.

"Sahara de mi vida: mi corazón de mujer te anhela y te grita; porque nunca, nunca, nosotras dejamos de ser"

M. Ángeles Pérez escribió en febrero de 2016 el artículo del que me he permitido incorporar algunos párrafos:

"Hace más de 40 años yo ocupaba una plaza en una de las aulas del Instituto General Alonso del Aaiún, en el Sáhara Occidental, cuando éste era una colonia española. Allí hice mi bachillerato.

Durante muchos años, en aquella dorada tierra, convivió el pueblo español con el pueblo saharaui que siempre dio muestras de su hospitalidad, hasta que en noviembre de 1975 España abandonó el Sáhara incumpliendo los compromisos de autodeterminación y violando la legalidad internacional, dando lugar al éxodo de la población civil saharaui. La mayor parte se asentó en los campamentos de refugiados de Tinduf (Argelia), en durísimas condiciones. Otra parte quedó en los territorios del Sahara occidental, ocupados ilegalmente por Marruecos en donde fueron y siguen siendo, perseguidos, torturados, encarcelados, eliminados, desaparecidos, o enterrados en fosas comunes, solo por el hecho de querer mantener sus señas de identidad, por querer permanecer en su tierra la que por derecho les pertenece. Siguen sufriendo una continua violación de los derechos humanos por parte de Marruecos, pero también se inicia una de las etapas en la vida de las mujeres saharauis más conocidas exteriormente.

La mujer saharaui siempre ha tenido un reconocimiento dentro de su sociedad, gracias a sus raíces beduinas y nómadas. En esa época, antes de 1975, en las que España ocupaba los territorios de Sahara, un importante número de niñas y niños saharauis fueron escolarizados. Yo no llegué a tener ninguna compañera saharaui, pero si tuve buenos compañeros y amigos saharauis.

Este fue el caso de mi amiga Zahra Ramdan, que en aquel 1975 era estudiante de bachillerato y que a sus 15 años le fue arrebatado todo, su tierra, su libertad, su futuro, su familia. Desde ese día ha luchado y sigue luchando por la libertad de su pueblo. Ella en una entrevista suya que vi recientemente, ha motivado estas breves pinceladas sobre la mujer saharaui, con las que solo trato de aportar otro granito al conocimiento de la realidad del Pueblo Saharaui y más concretamente de la Mujer Saharaui.

Zahra Ramdan es presidenta de la asociación de Mujeres saharauis en España, AMSE y ha sido representante de la Unión Internacional de Mujeres saharauis. Entre otras cosas ha

ZAHRA RAMDÁM, PERFÍL FACEBOOK

estudiado Filología Inglesa y Relaciones Internacionales. Ha vivido en muchos lugares diferentes de este mundo, y por supuesto en los campamentos de refugiados a los que continuamente vuelve.

La vida en los campamentos de refugiados produce una cierta similitud con sus orígenes nómadas, en las que los hombres están ausentes y ellas asumen tareas sociales, útiles para la comunidad, en esta ocasión no por nomadeo si no por la guerra con Marruecos. La ausencia de los hombres facilita de nuevo la ocupación de nuevos espacios por las mujeres. La vida en los campamentos está subordinada a la organización y supervisión de las mujeres que han ocupado en un porcentaje muy elevado el poder local y familiar y son parte importante de las profesiones anteriormente reservadas a los hombres. Organizan la comunidad, las escuelas, la sanidad, construyen, enseñan, cuidan, crean toda una estructura social contando con poquísimos medios (campamentos en medio de la nada, con la dureza del desierto). Erradican el analfabetismo, siguen enseñando español a sus hijos e hijas. Niños y niñas saben leer, estudian, salen del seno familiar hacia países de acogida para realizar estudios universitarios, se convierten en profesionales especializados sin perder de vista su objetivo, la libertad de su Pueblo.

Cuando en 1991 se firmó un acuerdo de alto el fuego y terminó la guerra entre Marruecos y el Frente Polisario, se produce el retorno de los hombres a los campamentos y se encuentran de nuevo en un periodo en que mujeres y hombres tienen que compartir los mismos espacios. En esta ocasión la mujer saharaui compatibiliza el hecho de ser firme defensora de la

MUJERES SAHARAUIS

autodeterminación de su pueblo, con la creación de la RASD (República Árabe Saharaui Democrática) que respete sus conquistas sociales, no está dispuesta a dar un paso atrás. Ese reto hace que ellas, muy especialmente, decidan mirar hacia adelante, pero sin dar la espalda al pasado, conjugando tradición con progreso, liderando el cambio y caminando hacia un futuro que garantice la igualdad para todos y todas. Rompen los estereotipos a la vez que siguen siendo muy conservadoras en lo de mantener lazos familiares, lo que hace por ejemplo que ninguna niña o niño que quede huérfano, quede sin familia, es cuidado por su tía, su abuela, o cualquier otra mujer de la familia, que sigue teniendo un gran valor, igual que la amistad.

Después de 40 años siguen viviendo en las mismas condiciones, en campamentos, o en zonas ocupadas por Marruecos sufriendo una continua violación de los derechos humanos, pero han sabido conquistar sus derechos como personas.

Esto hace que las mujeres saharauis sean reconocidas internacionalmente por el importante papel que han jugado y juegan, en la transformación de la sociedad saharaui. El mundo debe beneficiarse de la experiencia y el capital humano que suponen las mujeres saharauis en su doble lucha por conseguir sus derechos dentro de una sociedad árabe y musulmana, y por su lucha en conseguir la libertad de su pueblo.

Mi admiración y apoyo a las mujeres saharauis."

FLORA Y FAUNA DEL SÁHARA

Aunque la vegetación sahariana es sumamente pobre, no puede decirse que no existiese, es curioso comprobar en muchos lugares pequeños montones de arena detenidas por una planta reseca. Hay arbustos de ramas

CABRAS TREPADORAS

desnudas y carentes de hojas y, a veces,

101

abundantes espinas. En terreno firme y entre las dunas crece la "estrella del desierto" de grandes y blancas flores con hojas largas y puntiagudas que forman como una corona en torno de aquellas. De todos modos, los peores enemigos de la vegetación son la carencia de lluvias, los terribles cambios de temperatura, el viento y la acción del Sol.

Las especies más frecuentes son el "argan" de donde se extrae el llamado "oro del desierto" y de la que se alimentan las cabras trepadoras que se apreciar en la ilustración, y el "gardeg" que tiene un aspecto en general entre grisáceo e incoloro. Hay un fenómeno muy curioso que es el de aquellas plantas que germinan con frondosidad en cuanto se producen algunas lluvias. Cuentan los aborígenes que, entonces se cubre de una superficie verde y por supuesto la noticia corre como reguero de pólvora por todas las latitudes acercando hacia el lugar correspondiente a los diferentes grupos nómadas que acuden para alimentar y apacentar su ganado. Son principalmente las lluvias las que determinan los movimientos del nomadeo.

La adaptación de los animales al medio ambiente en que se desenvuelven es un fenómeno muy interesante de observar. Permanecen ocultos de día y aparecen por la noche. Por ello algunos tienen los ojos y las orejas muy desarrollados y están habituados a recorrer grandes distancias en busca de pastos o para huir de sus depredadores. Por las tierras intransitadas del desierto es frecuente reconocer las huellas de las hienas y del chacal, de la gacela y de las ratas saltadoras, del antílope, de las cabras montesas, de la liebre, del avestruz, del zorro fennec y del gatopardo.

También es fácil encontrar un tipo de serpiente víbora, la "lefa", que se esconde bajo un color arenoso y que es sumamente venenosa. Algunas especies de pájaros como la alondra surcan sus aires.

UN OASIS EN EL DESIERTO

El oasis de Messeyed se halla situado a 18 kilómetros de Aaiún. Se llega por un desvío de la carretera que conduce a Smara. Es un lugar típico al que son conducidos los turistas que, en vuelos chárter, vienen al territorio ya que es allí donde se puede apreciar la calma y la belleza que puede

OASIS DE MESSEYED

ofrecer un oasis en medio del desierto. No es simplemente un pequeño toque de verdor lo que se encuentra allí, sino que tiene un significado más transcendente ya que, en definitiva, el oasis representa para los habitantes del desierto la diferencia entre la vida y la muerte al hallar un manantial de agua que permite el aprovisionamiento para subsistir en las jornadas, largas y duras, de la vida en esta tierra.

Esta es la parte poética que se brinda a la ilusión del turista al estar servido tomando el hospitalario té saharaui a la sombra de las palmeras en el oasis de Messeyed. Allí puede desbordarse la imaginación en la dura vida del nómada que hasta fechas muy recientes ofrecía el desierto a sus moradores, allí acude a la mente la figura de las bandas de tuaregs que atacaban a las caravanas que se atrevían a transitar por sus dominios y es allí donde muchos piensan en las aventuras que todos hemos tenido de pequeño.

Hay un libro titulado "Beau Geste" escrito por Percival Christopher Wren en 1924 que todos deberíamos leer, es el ejemplo perfecto de lo que sería el libro de aventuras por excelencia.

El oasis de Messeyed, está dividido en dos partes marcadas y diferenciadas por la misma carretera que discurre entre ambas. La posesión de ellas se remota a tiempos inmemorables, a pesar de lo cual no han dejado de surgir pleitos por la propiedad de estos terrenos.

Hay que enfrentarse a la dureza del desierto y arrebatarle por todos los medios una parte de todo lo que se ha perdido. El desierto es una parte de la naturaleza y como tal se va desarrollando. Cada año se extiende sus límites y su voraz apetito no tiene freno. La lucha se inició en muchos lugares del Sáhara y hay que admirar a los hombres que supieron enfrentarse sin temor a las rudas condiciones climatológicas que ofrece la vida en el desierto.

No resulta fácil arrancar una cosecha, pero día a día bajo el peso agobiante de un sol abrazador, hombres de esta tierra luchan con paciencia para obtener sus frutos. Allí el verde de los campos sembrados alegra la vista y el goce de ver a unos hombres encorvados trabajando el campo llega al corazón, hombres que no han dudado en sacrificarse por una mejor visión del camino a seguir.

Esta es la poesía del desierto, saber encontrar la fuerza necesaria para enfrentarse a la falta de lluvia, al siroco y al ardiente sol escarbando la tierra en busca de un pozo que permita crecer todo lo sembrado, poesía necesaria para trabajar diariamente, sin desmayo, en espera de recoger la cosecha. A ellos hay que agradecerles que enseñaran el camino a seguir.

LOS DEPORTES

Además del tradicional de las carreras de camellos que se han celebrado desde tiempo inmemorial, en la ciudad se practican un sinfín de deportes entre sus habitantes,

CARRERA DE CAMELLOS

pero el que podría ser considerado como deporte rey o deporte preferido por la gran mayoría de la población es, como en el resto del Sahara Occidental y también en Marruecos, el fútbol, sin contar con la más importante tradición en todo el territorio como son las carreras de camellos.

En la ilustración podemos apreciar una impresionante instantánea, que fue tercer premio en la carrera de camellos al estilo Ardah del autor Ahmed Al Toqi.

Las carreras de camellos se celebraron durante mucho tiempo según las normas tradicionales del Sáhara. Al vencedor le sería ceñido el Amam Negro y se le entregaba un premio en metálico de 3.000 pesetas (estoy hablando del año 1975), al segundo clasificado el Amam Rojo y un premio de 2.000 pesetas y al tercero el Amam Blanco y 1.000 pesetas. Las normas usuales se regían por parte de un grupo de ancianos guerreros. También se realizaba una exhibición de saltos, carreras y habilidades en el manejo del camello, ejecutadas por jóvenes saharauis.

Como dato de lo que eran estas carreras en el Sáhara podemos decir que el saharaui era hombre amante de su fusil y de su camello, por ello hasta hace algunos decenios se podían presenciar en muchos "friks" entre los más bravos guerreros del desierto, en las que se realizaban apuestas insólitas. En ellas se demostraba el valor, destreza y bravura que posee este pueblo, ya que dominar el manejo de tan apreciada montura, donde el jinete ha de ser más hábil que el mejor jockey, es difícil llegar a conseguirlo.

Había camellos que eran preparados para participar exclusivamente en este tipo de carreras y sólo los más valerosos se atrevían a su doma y montura, un camello preparado para carreras difícilmente era objeto de venta ya que constituía un honor para su dueño el ser su propietario y la madre de un camello de carreras era atendida con la mayor solicitud después de haber parido a un "pura sangre".

La carrera consistía en ir a un punto determinado donde se iniciaba y desde allí se regresaba a la mayor velocidad posible hasta las inmediaciones del "frik" donde se establecía la meta. El vencedor era objeto de honores por parte de todos los asistentes y agasajado como correspondía.

Había especialidades en nominar las más difíciles habilidades encima de un camello y eran éstas tan arriesgadas que se precisaban nervios de acero para ejecutarlas debido al peligro que las mismas entrañaban, las más usuales eran: subir o bajarse de la silla yendo el camello al trote, hacer equilibrios a uno y otro costado, subir dos personas a la vez, una en la silla y otra en la grupa, parar y frenar a un camello lanzado al galope, sin riendas, cogiéndolo por el rabo y siendo arrastrado por la arena, o subirse al mismo yendo éste al galope y sin llevar ningún tipo de arreos.

Como anécdota curiosa citaremos que en sus "Memorias" el general Bens, (1) artífice de la consolidación de la presencia de España en Sáhara, se sirvió tanto de la protección de la población autóctona como de la autoridad que consiguió con su habilidad de montar un camello volteando a la carrera como si de caballos se tratara. Por todo ello, la fiesta fue un éxito por su gran vistosidad y un espectáculo tan maravilloso como éste, debiendo agradecer el esfuerzo y sacrificio que la realización supuso a la Policía Territorial que fue la encargada de la organización con todas las dificultades que su ejecución entrañaba.

(1) El militar Francisco Bens Argadoña abrió el camino a la ocupación española del  territorio interior saharaui y fue el primer español en emprender expediciones en la zona. Narró sus historias en unas memorias que escribió dos años antes de morir en 1949 que la editorial Athenaica publicó bajo el título "Veintidós años en el desierto. Mis memorias y tres expediciones al interior del Sáhara", un documento inestimable para conocer de primera mano las hazañas de este colonizador y su pensamiento, además de acercarse a la vida de los habitantes del Sáhara Occidental en los primeros años de su contacto con los europeos.

En la actualidad se siguen estas tradiciones, pero con importantes variaciones, sobre todo en países más al Norte. Por ejemplo, en los Estados Árabes Unidos, ya no es el jinete quien maneja al

CARRERAS ROBOTIZADAS

camello, sino un robot. Siguen siendo muy interesantes y competitivas, pero no es lo mismo...

LAS TRIBUS SAHARAUIS

La unidad social de mayor magnitud es la cabila o tribu, reunida en torno a un fundador o individuo ilustre de quien desciende el linaje. En general, las tribus disponen de un jefe, de una asamblea "yemaa" y de leyes y costumbres propias. De ese fundador miembro destacado recibe la tribu su nombre. Luego están las fracciones, normalmente iniciadas por la primera descendencia del fundador, aunque no siempre, de allí parten las subfracciones y finalmente las familias. En el "Código de las Secciones Registrales" publicado por el Gobierno General de la Provincia en 1.970 existían una serie de tribus en el norte, costeras y del Sur, así como tribus varias de origen sahariano y de otros lugares africanos.

El orden social tradicional nos permite elaborar un esquema de las diferentes tribus con arreglo a su mayor prestigio e importancia:

- Tribus Chorfa (religiosos sabios y guerreros)
- Tribus Arab (hombres guerreros)
- Tribus Zuaia (hombres sabios y religiosos)
- Tributarios de pastores
- Tributarios de pescadores
- Iggauen (cantores)
- Malmin /maharreros)
- Libertos
- Esclavos (2)

(2) Es necesario hacer una precisión aquí. Nos estamos refiriendo a una estratificación tribal de tipo consuetudinario, que en ningún caso presupone relevancia en el ordenamiento civil de la provincia. Así pues, las tribus "tributarias"

(Znaga), es decir, las que se deben por alguna razón o están vinculadas a una tribu de prestigio, y los esclavos, no son más que términos históricos pertenecientes al pasado. Lo cierto es que, sociológicamente hablando, una determinada aureola reviste a las personas cuyo linaje se considera adscrito a algunos de los tres primeros tipos de tribu, lo que se da particularmente en el caso de los "chorfa". (Nota de Pablo-Ignacio de Dalmases en su libro "La tierra de los hombres azules", publicado por la Asociación de Estudios de Problemas Universitarios, Barcelona, 1974.)

EL SÁHARA DESDE LA RADIO

Un nuevo cambio de vida una vez más que
haría realidad sueños guardados desde siempre:
la Radio.

BANDERINES PUBLICITARIOS

Se anunciaron oposiciones de Radio
Nacional de España para sus instalaciones en el

Sáhara y como un rayo de luz y esperanza me dije a mí misma que ahí estaba mi futuro, Radio Sáhara. Aunque me habían ofrecido una plaza en una escuela, mi subconsciente e intuición me decían que tenía que haber algo más.

Algunos me dijeron que era una locura, pero yo fiel a mis ideas me fui a Madrid, a Prado del Rey y oposité. Fue duro, pero volví con mi título de Redactora y Locutora de R.N.E. Destino: Radio Sáhara, mis ilusiones se habían cumplido y a partir de ahí, Periodismo, ya había lanzado al aire mis sueños de toda una vida.

Se trabajaba duro, pero éramos como una gran familia compuesta por saharauis y españoles, eran tiempos de paz y concordia. Como orientación de las tareas que realizábamos en la radio conservo algunos boletines de Radiotelevisión de Sáhara, del Centro Emisor de

Aaiún (EAJ203) y el Centro Emisor de Villa Cisneros (EAJ202). La primera de estas emisoras transmitía tanto en onda media (M.W) como en onda corta (S.W.) en las frecuencias de 656 KHz, equivalente a 455,3 metros; 11.803 KHz (25 metros) y 6.095 KHz (49 metros). Disponían de una potencia de 50 kW y como curiosidad añadida, también se transmitía en S.S.B (banda lateral única) en 4.627 KHz (64 metros) con una potencia de 5 kilovatios.

Son muchísimos los recuerdos y vivencias que tengo de esta hermosa etapa de mi vida y voy a tratar de detallar sólo algunos.

Por aquel entonces, la plantilla estaba compuesta por Un Coordinador de los servicios de RTVE destacados en Radio Sahara E.A.J. 202-203; cuatro Encargados de Servicios Técnicos; 2 de 1ª y 2 de 2ª; diez Especialistas en

Programación y Emisiones, distribuidos entre 2 redactores radiofónicos, 2 locutores de 1ª, 2 locutores, un técnico principal de control y sonido y 3 técnicos de control y sonido; un Administrador y dos Administrativos, un total de 18, que a lo largo de esta etapa de funcionamiento se fue incorporando al Centro un personal nativo (14 saharauis) y dos intérpretes que intervienen en la programación de la emisora.

Tuve ocasión de trabajar con varios directores, algunos que casi no conocí o apenas traté, posiblemente porque su paso por Radio Sáhara fue muy fugaz, hasta que llegó Pablo-Ignacio de Dalmases y de Olabarría.

PABLO-IGNACIO DALMASES

A Pablo si lo traté y guardo el mejor de los recuerdos como jefe y sobre todo como amigo. Fueron muchas jornadas en las que compartimos proyectos, programas, ideas, unas veces como redactora y otras incluso como redactora-locutora-técnico de sonido y realizadora, especialmente los fines de semana como "Tarde del domingo" un magazín que realizaba entre las cuatro y las seis de la tarde en riguroso directo como se dice ahora. El contenido era principalmente música y palabra, comentarios sobre temas tan variados como los últimos acontecimientos en la ciudad y a veces hasta chismes de vecindad.

También "La Zarzuela" con amplio desarrollo de nuestro mal llamado «género chico»; un programa infantil titulado "Pandilla" que tenía que inventarme la mayoría de las veces porque el guion que me enviaban desde Madrid casi nunca llegaba a tiempo. "Solistas instrumentales" destinados a grandes intérpretes; "La música en el recuerdo"; "Flamenco"; "Música pop"; música hispanoamericana"; "canción española" y "Música clásica". Como es fácil deducir, la mayoría de los programas estaban destinados al entretenimiento y formación musical de todos los géneros.

Pablo realizó una gran labor durante su estancia en Aaiún, tanto por su dedicación a la radio como por su implicación en todo tipo de temas y asuntos locales. Tenía, e indudablemente todavía tiene como demuestra sus grandes dotes de comunicador nato, y fueron muchos los acontecimientos en los que participó muy directamente.

DON MOHAMMED-NAYEM MOHAMMED-MOJTAR TOMO POSESION COMO ADJUNTO DE RADIOTELEVISION DE SAHARA

DALAMASES Y MOHAMED-NAYEN

Como consecuencia del grado de implicación que se mantenía entre ambas poblaciones, el Gobierno General designó a Don Mohammed-Nayem Mohammed-Mojtar Hameidi para el cargo de adjunto de director de Radiotelevisión de Sáhara. En un acto que se celebró en la dirección del Centro Emisor de Aaiún presidido por Pablo-Ignacio de Dalmases, vemos a ambos en la recogida en el Diario bilingüe de Sáhara LA REALIDAD el martes 2 de septiembre de 1.975.

Otro programa del que guardo especial recuerdo era el titulado "Estafeta de las ondas" dedicado a los radioaficionados y radioescuchas que nos pasaban controles desde diferentes países. Mi correo estaba siempre lleno de preciosas tarjetas (QSL en el argot de los radioaficionados) con controles de recepción, nivel de las señales recibidas y atinados comentarios sobre los programas radiados.

Según se publicaba en "crónicas y reportajes" del jueves 17 de julio de 1975 del periódico «La Realidad», la oficina de correos del Aaiún movía más de 45.000 cartas, muchas de las cuales iban a parar a nuestra estafeta. Han pasado a la historia los tiempos gloriosos del "correo". Se ha perdido gran parte del riesgo y aventura que suponía trasladar las postas de un lugar a otro, no sólo en el Sáhara sino a cualquier parte del mundo. Sin embargo, incluso en nuestros días, el ritual de abrir un sobre, rasgar la envoltura de un paquete postal, el hecho de enviar o recibir una carta conserva un cierto carácter mágico, liberador. Puede dar fe de ello el soldado que servía lejos de su hogar.

DALMASES Y M. SILVA

El 1 de octubre de 1975, el ministro de la Presidencia, a propuesta del Excmo. Señor director general de Promoción de Sáhara, en virtud de los servicios prestados al territorio, ha concedido la Orden de África a una serie de personas que por su labor sobresalieron en todos y cada uno de los hechos que estamos comentando, entre ellos a mis compañeros Pablo Dalmases director de Radio Sáhara y del periódico La Realidad, y a Matías Silva Santana, oficial de editorial Gráficas Saharianas y montador del periódico por sus trabajos realizados en Sidi Ifni y Aaiún. También hubo honores y distinciones para otras personas.

SOLDADOS DE SÁHARA

FEDERICO CAMPOS

Un recuerdo muy especial para este programa que mi querido amigo y compañero Federico Campos Álvarez realizaba desde el Centro Emisor de Aaiún juntamente con Francisco García Conesa. En realidad, este programa fue una iniciativa de un hombre muy popular en el Sáhara, dedicado desde años atrás a los medios informativos, Bartolomé Peláez Torralba en 1.971. Federico y Francisco le dieron gran popularidad, muy bien acogido por los soldados que hacían la "mili" en aquel territorio. Se recibían diariamente gran cantidad de cartas y mensajes de todas las partes de España, tanto de la península como de las islas, con un gran porcentaje de Cataluña. Todos los mensajes eran leídos y aderezados con discos y divulgación de temas varios de la vida militar. También daban entrada a intervenciones directas de soldados que destacaban por sus actitudes artísticas o por aspectos singulares de su personalidad. A veces se celebraban mesas redondas y tertulias sobre temas de interés general y sorteo de productos cedidos por casas comerciales de Aaiún. Se emitía diariamente entre las 14:30 y las 16:00, una hora más en la península. Recuerden que el territorio saharaui tenía y sigue el mismo horario que en Canarias.

Puede decirse que Federico Campos era parte de la historia de la radio pública tanto en Canarias y su Galicia natal como en el Sáhara Occidental, donde estuvo como responsable de la emisora hasta la evacuación de los españoles de la excolonia. Allí fue testigo y cronista de los últimos acontecimientos que España tuvo que vivir en la entonces provincia española, como la Marcha Verde, el nacimiento del Frente Polisario y posteriormente el otro partido promarroquí, el PUNS (Partido de Unión nacional saharaui). Asimismo, vivió en primera persona el abandono deprisa y corriendo de los españoles que vivíamos en El Aaiún y Villa Cisneros.

Radio Sáhara en aquellos años funcionaba como una emisora de RNE atípica, ya que prácticamente informaba para aquel territorio conectando con el resto de España con RNE a través de los famosos partes o diarios hablados del mediodía y de la noche. Federico Campos Álvarez fue uno de los últimos en abandonar el Sáhara, casi con lo puesto y con los miembros de la última guarnición militar, delegación que estaba bajo el mando del general Federico Gómez de Salazar. Como se recordará, España debió evacuar el territorio tras la firma del conocido Acuerdo Tripartido de Madrid, por el que se convertirían en potencias administradoras del Sáhara: España, Marruecos y Mauritania.

Tras su etapa saharaui se incorporó a RNE en Las Palmas de Gran Canaria, de la que llegó a ser director. Lamentablemente ya no está entre nosotros, pero seguro que donde quiera que se encuentre su espíritu, tendrá un micrófono y hablará para los ángeles.

He rescatado del suplemento semanal del periódico La Realidad del 10 de agosto de 1975, dos poesías enviadas por Juan Pascual Vera Vega al espacio "escriben los soldados":

EL PECADOR ARREPENTIDO

¡Yo quisiera morir Señor! morir quisiera

y ser por tus manos sangrantes abrazado,

yo que tan sólo por esta vez primera

a tus pies de rodillas me he postrado...

...Son tan innumerables mis pecados

que vive mi alma de vergüenza prisionera,

¡yo quisiera morir Señor! morir quisiera...

...así dijo el pecador arrepentido

mirando a Jesús Crucificado

y le vio pálido demudado

luego de sus ojos dos lágrimas

se habían advertido;

y supo que el Señor le había perdonado,

porque al recoger el pecador arrepentido

el Rosario que en el banco había dejado;

lo halló en refulgentes perlas cultivado

MENDIGO DE AMOR

Voy pidiendo del viento su queja,

y del mar su licor cristalino,

a las aves imploro sus trinos,

a los niños suplico el jugar...

...Más de mí todos prestos se alejan,

ya no tengo consuelo en la vida,

es inmenso el dolor de la herida

y es tan grande el afán de llorar.

Soy mendigo que errante camina

por senderos clavados de espina,

soy el amor peregrino

que nunca le vio llegar;

soy aquella golondrina por un ballestero

herida,

y al marchárseme la vida

sentí ganas de llorar.

Fueron guías de mis pasos

tristes piedras del camino,

y de vez en vez los espinos

lastimároslos descalzos y sin destino

a un lugar solaz reposo...

Elegí lo tenebroso

bajo sombras del ocaso,

más nunca un ¡ah! quejumbroso

a mi cuerpo pesaroso

jamás vino a consolar.

...Y en tan grande soledad

cual errante peregrino,

no sentí risas ni trinos,

sólo encontré en mi camino

un sitio para llorar.

LA RADIO POR DENTRO

La programación general la hacíamos tanto en español como en hassanía. El hassaniya también transcrito hassanía o hasanía, al que sus hablantes llaman también kalām Hassān o "habla de Hassan", es un dialecto del idioma árabe-árabe magrebí hablado en la región desértica del suroeste del Magreb, entre el sur de Marruecos, suroeste de Argelia, Sáhara Occidental y Mauritania, y también en zonas de Malí, Níger y Senegal.

En las ilustraciones podemos ver la programación de un día cualquiera, en este caso perteneciente al boletín de Radiotelevisión de Sáhara número 8, del 19 de mayo al 1 de junio de 1975. En ese mismo boletín aparecía la noticia de la visita de la comisión visitadora de las

Naciones Unidas al Centro Emisor de Aaiún que

comento más adelante.

ESPACIOS FIJOS

(A partir de las 18,00 horas)

Castellano

18,00.—«Crónica de la misión visitadora de la O. N. U.». Realiza: Equipo especial de Radiotelevisión de Sahara.

18,30.—«Teletipo». Crónicas y reportajes de actualidad. Realiza: Servicios informativos de Radiotelevisión de Sahara.

Arabe-hassania

18,55.—Corán.

19,00.—Radionoticias. Boletín informativo de Radiotelevisión de Sahara.

19,10.—«Lahbar saharauia» («Noticias de Sahara»). Programa de información regional y entrevistas. Realiza: Embarca Taleb Hossein.

19,30.—«Crónica de la misión visitadora de la O. N. U.». Realiza: Equipo especial de Radiotelevisión de Sahara.

20,00.—«Discos dedicados». Espacio musical con mensajes personales. Realiza: Mohamed Mohamed Salem.

20,30.—«Fi janub Uad Draa» («Al sur del río Draa»). Comentario de actualidad política local en hassania. Redactor-locutor: Hassán Ahmed-Alí Abdal-lah.

21,00.—Radionoticias. Boletín informativo de Radiotelevisión de Sahara.

21,05.—«Difaa an Sahara» («Defendiendo el Sahara»). Comentario de actualidad política general en árabe. Redactor-locutor: Hassán Ahmed-Alí Abdal-lah.

21,30.—«Al-raiul aam saharaui» («Opinión pública saharaui») (lunes, miércoles, viernes y domingo). Entrevistas. Realiza: Mohamed-Ahmed Mohamed-Abderrahmán.

21,30.—«Hadiz haul Tarfaia» («Crónica de Tarfaia»). Comentario de actualidad. Realiza: Enhamed El Cadi.

22,00.—«Al arabiah bil radio» («El árabe por la radio»). Guión: Profesor Nadim Touma.

22,30.—«Difaa an Sahara» («Defendiendo el Sahara»). Comentario de actualidad política general en hassania. Redactor-locutor: Hassán Ahmed-Alí Abdal-lah.

23,00.—Radionoticias. Boletín informativo de Radiotelevisión de Sahara.

23,15.—«Aqual al suhuf» («Leyendo la Prensa»). Revista radiofónica de información y comentarios de la Prensa árabe y europea. Realiza: Mohamed Takiol-lah Aduh.

23,30.—Música árabe-hassania.

23,58.—Lectura de programas del día siguiente y cierre de la emisión.

VARIANTES DE LA SEMANA

(A partir de las 18,00 horas)

JUEVES

Arabe-hassania

19,00.—Charla religiosa a cargo de Hadiz Dini.

DOMINGO

Castellano

18,00.—«Intermezzo». Programa de poesía y música melódica. Guión: Margarita Vázquez, en la voz de Bienvenida Díaz.

Arabe-hassania

19,10.—«Min cul-li bustaanin zahra» («De cada jardín una flor»). Programa de divulgación de temas varios.

19,30.—«Cuadro literario». Espacio de divulgación cultural. Realiza: Centro de Estudios Árabes.

23,15.—«Baina al-Sael wal Nuyib» («El oyente pregunta»). Consultorio de temas de actualidad.

OBSERVACION

Los ESPACIOS FIJOS y VARIANTES DE LA SEMANA detallados en el número seis del «Indice quincenal de programas» comprendidos entre las 08,00 y las 18,00 horas no experimentan variación.

BOLETÍN DE RADIO SAHARA

139

RADIOTELEVISION DE SAHARA

INDICE QUINCENAL DE PROGRAMAS

N.º 8 :·: Del 19 de mayo al 1 de junio de 1975

Centro Emisor de Aaiún (EAJ 203)

M. W. 656 KHz. (455,3 m.)
(De 08,00 a 24,00, hora local)
50 kw.

S. W. 11.805 KHz. (25 m.)
(De 08,00 a 18,00, hora local)
100 kw.

S. W. 6.095 KHz. (49 m.)
(De 18,00 a 24,00, hora local)
100 kw.

S. S. B. 4.627 KHz. (64 m.)
(De 08,00 a 19,00, hora local)
5 kw

Centro Emisor de V. Cisneros (EAJ 202)

M. W. 998 KHz. (300 m.)

(De 09,00 a 19,00, hora local, días laborables)

(De 09,00 a 16,00, hora local, días festivos)
10 kw.

NOTICIAS DE LA RADIO

RADIOTELEVISION DE SAHARA Y LA VISITA DE LA COMISION VISITADORA DE LAS NACIONES UNIDAS

La estancia en Sahara de una Comisión Visitadora de las Naciones Unidas venida expresamente a esta tierra para conocer la opinión del pueblo saharaui sobre su futuro, ha constituido un acontecimiento histórico del que Radiotelevisión de Sahara tenía la obligación de informar con toda amplitud.

Todos los servicios y empleados de nuestro Centro Emisor de Aaiún laboraron de forma extraordinaria para cubrir con amplia holgura tales exigencias informativas. Mientras en la emisora permanecían prestando servicios extraordinarios el resto de los empleados se constituyó un equipo exterior que, conjuntamente con nuestro director, estuvo integrado por el jefe adjunto de Emisiones y redactor radiofónico, don Hassán Ahmed Alí Abdallah; redactor radiofónico don Andrés Montes Punzón; auxiliares de control y sonido don Naama Mohamed Embarec y don Nayem Mohamed Aomar; comentarista don Enhamed El Cadi, y subalternos don Bud-da Ahmed Hamuadi y don Abdatí Alamin Ahmed.

Dicho equipo se desplazó a todos y cada uno de los lugares a los que acudió la Comisión Visitadora, cubriendo en directo tanto la información de su llegada al aeropuerto de El Aaiún y los

(Continúa en la pág. siguiente.)

BOLETÍN RADIOTELEVISIÓN DE SÁHARA

El Dr. Francisco José Montes Fernández, en su "Breve historia de Radio Sahara" dice que «la historia de Radio Sahara es uno de los períodos menos estudiado en nuestra bibliografía, lo cual tampoco es sintomático sino una muestra más de lo mucho que hay que investigar sobre la historia reciente de nuestro país, especialmente en el terreno de la radiodifusión. He profundizado en todo lo que he podido, pero es indudable que queda mucho camino por recorrer. Aquí hay pistas y datos todos verdaderos sobre una parte importante, no lo doy por finalizado, sino que aspiro a que sirva de aliciente para que futuros investigadores continúen con el camino iniciado»

Durante los días de grave tensión entre Marruecos y España, Radio Sahara prestó grandes servicios a la población española y saharaui.

Después, cundió el nerviosismo entre los empleados al ver que militares y civiles españoles se volvieron repatriados, mientras el personal de Radio Sahara había sido conminado a cumplir con su obligación hasta que se ordenase su evacuación.

La Subdirección General de Radiodifusión y Televisión mantenía relación directa y permanente con la DG de Promoción del Sahara sobre las posibilidades de evacuación del personal y la dirección de Radio Nacional conservaba el contacto con los empleados. Desgraciadamente no pudo extenderse a Radio Sahara la autorización trasladada a otras entidades de que se reintegrasen a las Islas Canarias o a la península quienes voluntariamente lo desearan. Bastaría con la ausencia de unos pocos para que la emisora dejara de funcionar debidamente, lo cual repercutiría negativamente en el clima que mantenía en sus puestos a otros españoles.

La narración anterior la viví directa e intensamente en primera persona. En aquellos momentos de incertidumbre y desasosiego, ninguno de los que nos encontrábamos trabajando en Radio Sáhara teníamos la menor idea de lo que deberíamos hacer. Nos limitábamos a cumplir las muchas órdenes que recibíamos de Madrid o de nuestros superiores para hacer llegar la información a nuestros oyentes de lo que estaba ocurriendo en aquellos tristes momentos que, no solamente afectaba a nuestro trabajo, sino también y de forma especial a nuestros familiares. En mi caso y por ser esposa de militar en primera línea, la desazón era aún mayor. No sabía si mi marido que había sido designado para acompañar a los miembros de la ONU iba a regresar con vida o no, mientras que, al revés, él no tenía ninguna posibilidad de saber qué nos estaba ocurriendo a nosotros.

"Un terrorista marroquí, detenido antes de dar comienzo a sus criminales manejos. Fueron descubiertos y detenidos tres cómplices saharauis. En una rápida y eficaz intervención de las fuerzas de orden público se ha desenmascarado una nueva intentona marroquí de alterar la paz que vive el territorio. Ayer fue detenido un súbdito marroquí que desde hacía un mes había llegado a Aaiún procedente de Tarfaia.

El objeto de su siniestro viaje era cometer una serie de actos terroristas con explosivos que había transportado desde Marruecos y mantenía ocultos en la zona de las dunas. Asimismo, han sido aprehendidos tres cómplices saharauis que ocultaban a este delincuente en su casa, aun conociendo sus criminales intenciones." Esta noticia fue publicada en el periódico «La Realidad» el 26 de septiembre de 1975

Era una tarde más de las muchas que hacíamos llegar algo nuevo, algo amable, aquietar el espíritu y tranquilizar los ánimos, porque siempre he pensado que nada más importante que la música para lograrlo. Era la hora de los programas en castellano, a continuación, los compañeros saharauis lo harían con los suyos en Hassania. Eran programas informativos especiales ya que, en esos momentos, los componentes de la ONU visitaban el territorio por Smara y Villa Cisneros para después de un recorrido volver directamente al aeropuerto de el Aaiún acompañados por una autoridad militar y dos oficiales de la policía territorial y, lógicamente varios periodistas, entre ellos de RNE. Las informaciones eran enviadas puntualmente a los estudios de las emisoras en España, lo que no podría decir es cómo las narraban y de qué manera trataban la información. Mi dictamen muy particular fue siempre que los representantes de la ONU en realidad no dijeron gran cosa, porque desde un avión militar se puede ver el mundo de muy distintas maneras que al pisar la arena y vivir los verdaderos problemas.

De pronto y desde su despacho entró en la redacción nuestro director y nos gritó "¡todos a la calle!". En ese momento mi máquina de escribir saltó por los aires. Algo había pasado muy cerca y bajamos a la vez que todos los trabajadores de los despachos, ya que era un gran edificio múltiple donde estaban todas las instalaciones de telégrafos, correos, juzgados, sanidad y otros centros oficiales. Un familiar del cabecilla terrorista acababa de comunicar que iban a volar el edificio. Inmediatamente bajamos las escaleras desde el piso donde nos encontrábamos. Yo me quedé en la entrada sin atreverme a salir e intentando reaccionar ante aquel gesto de odio, un gesto que para mí no tenía ningún sentido.

Un niño que jugaba muy cerca de allí murió. Cuando iba a ser enterrado, se descubrió por lo zapatos, que era natural de Las Palmas de Gran Canaria, a donde fue trasladado posteriormente junto con el resto de su familia.

Calladamente volví a mi despacho...y lloré amargamente.

Una noche y en pleno descanso hubo una gran explosión cerca de mi casa que afortunadamente no causó daños personales, aunque sí materiales. A partir de ese momento los niños dejaron de asistir a los colegios y se quedaban en casa al cuidado de un soldado asignado por la Policía Territorial y su esposa que cuidaba de mis hijos. Estábamos ya en guerra, una guerra rastrera y sucia, el terrorismo abierto contra todos los que vivíamos allí y donde la amistad y la paz eran primordiales y con estos hechos fue naciendo la desconfianza, el recelo entre los que hasta ese momento habíamos sido compañeros y amigos fraternales. Aún ahora mi corazón se acelera y pienso en nuestros amigos saharauis que tuvieron que acatar la nueva vida bajo un mando tirano y aquellos otros como una gran compañera y un amigo que, por no aceptar esos mandatos, fueron hechos prisioneros una locutora y un profesor del Instituto. De ella supe que la martirizaron y destrozaron, de él poco o nada porque requisaban nuestra correspondencia y yo ya me había trasladado a Tenerife con mi familia y estaba vigilado. Un saharaui amigo que logró salir de aquel infierno y venir a Tenerife me comentó que debíamos dejar de comunicarnos precisamente por esa vigilancia que le podría perjudicar mucho más.

La mayoría de mis compañeros, locutores, técnicos, redactores y resto de personal administrativo se fueron marchando cada uno al lugar que habían consensuado con sus mandos, algunos a Madrid y otros a distintas provincias, según los destinos que habían solicitado y que se les concedía según necesidades en sus lugares de destino. Recuerdo a tres periodistas compañeros, aunque lamentablemente no sus nombres completos, que se fueron sin que yo supiera exactamente a donde. Les perdí el rastro y no he vuelto a saber nada de casi ninguno de ellos.

JORNADAS EN TENERIFE

Aunque en la radio no acostumbrábamos a tocar los temas relativos a la sociedad, quisiera destacar un acontecimiento que se celebró en la Iglesia de San Francisco de Asís en Santa Cruz de Tenerife.

En la Iglesia Misión de San Francisco de Asís de nuestra capital y a media tarde del domingo pasado recibió las aguas bautismales la hija de nuestros entrañables amigos don Eugenio Sánchez Escibano, Jefe de Relaciones Públicas de Fosfatos de Bu-Cráa, S.A. y de su esposa, doña Purificación Corrales Borjas. Le administró el sacramento el Padre Isaac y actuaron como padrinos de la criatura doña Mª del Carmen Gordo, de Rodríguez de Viguri, esposa del Secretario General del Gobierno General de Sahara y nuestro Director, don Pablo Ignacio de Dalmases.

La niña recibió los nombres de Mª África Fátima.

A continuación, el matrimonio Sánchez Escribano-Corrales ofreció un ágape en el Parador Nacional de Turismo, al que asistieron el Gobernador General de Sahara, don Federico Gómez de Salazar, Secretario General del Gobierno, don Luis Rodríguez de Viguri, Jefe del Regimiento Mixto de Ingenieros, Coronel Aramburu, Jefes de Servicio, Dirección del Centro Minero de Fosbucráa y Vocal del Consejo de Administración de la empresa en representación del personal, así como amigos y compañeros de trabajo del matrimonio.

La foto recoge un momento de la fiesta social ofrecida por los padres de Mª África Fátima tras el acto sacramental.

Se trata del bautizo de la hija del jefe de

BAUTIZO EN TENERIFE

relaciones públicas de Fosfatos de Bu-Craa S.A. don Eugenio Sánchez Escribano y su encantadora esposa doña Purificación Corrales Borjas al que asistieron las principales autoridades civiles y militares de Aaiún. En la ilustración se aprecia un momento de tan magno acontecimiento. A la niña se le impuso el nombre de María África Fátima, a la que nos habría gustado mucho conocer de mayor. Lamentablemente falleció en Baracaldo el 8 de enero de 2009 a los 33 años.

ALBERGUE PARA NIÑOS SAHARAUIS EN TENERIFE

Hay que tener en cuenta que la vida social y cultural de los niños en el Sáhara era muy limitada, porque en los campamentos donde se hacían actividades eran bastante escasas. Lo importante de los albergues es que ellos puedan captar con claridad la realidad que los rodea y vive y que se adaptan proco a poco en un ambiente distinto y viendo el lado positivo de las cosas, lo que puede repercutir en su carácter, en conocer esa otra vida que existe en el otro lado.

La delegación de la juventud de Tenerife, contando con la colaboración entusiasta del jefe de relaciones públicas de la empresa Fos Bucraa, don Eugenio Sánchez Escribano, hombre preocupado siempre por el problema social.

Ese albergue tuvo dos facetas: una cultural y otra turística complementadas ambas, visitaron lo más destacado de Tenerife, fábricas de tabacos, la refinería de petróleos CEPSA, talleres del periódico El Día, el Museo Arqueológico y como visita extraordinaria, la excursión a las cañadas del Teide. Una que captó principalmente la atención de los chicos fue la realizada al Museo Arqueológico en la que pudieron ver cómo se desarrollaba la vida primitiva de los Guanches, primeros pobladores de la Isla. Nuestros sabios lectores conocen la relación ancestral de los guanches que habitaron las Islas Canarias, especialmente Tenerife, hasta su desaparición como pueblo después de la conquista, en el siglo XV. Su origen se relaciona con las tribus bereberes que vivieron en el norte de África. Según las teorías más aceptadas, los primeros aborígenes canarios debieron llegar del norte de África entre el siglo V a.C. y el comienzo de la era cristiana. Hallazgos arqueológicos recientes hacen creer que el primer poblamiento pudo haber tenido lugar mucho antes, en el siglo X a.C. En Tenerife, concretamente en la Zona Arqueológica de la Cueva de los Guanches en Icod de los Vinos, ha proporcionado las cronologías más antiguas de Canarias con dataciones en torno al siglo VI a.C.

Se desconocen por el momento las circunstancias en que esta llegada se produjo, aunque se ha teorizado acerca de si la arribada pudo estar motivada por la expansión de otras civilizaciones, como la fenicia en la zona del actual Magreb, pudiendo tratarse de tribus norteafricanas rebeldes a la ocupación romana o bien poblaciones trasladadas a las islas para comerciar con ellas. Tampoco se puede descartar por lo pronto que estas poblaciones llegasen a Canarias con sus propios medios, si bien pudiese resultar contradictorio con el aislamiento insular y el desconocimiento de la navegación que al parecer encontraron los europeos en el momento de la Conquista. En cualquier caso, durante casi dos mil años, los llamados aborígenes canarios poblaron las islas y trataron de adaptarse a sus particularidades medioambientales, creando con ello formas culturales y adaptativas propias, así

MENCEY BENEHARO

como asociando su universo religioso, social, político y económico a la realidad geográfica y natural de las islas. Esta evolución propia, que terminaría definiendo siete culturas insulares bien diferenciadas entre sí (una por isla), continuaría hasta que se produjo la conquista de Canarias, iniciada en Lanzarote en 1402 y finalizada en Tenerife en 1496, por iniciativa de la Corona de Castilla.

Al regreso de Tenerife, los chicos que participaron en el albergue estaban ilusionados y se podía leer en sus caras, en sus palabras atropelladas, en sus ojos llenos de nostalgia, todo ello sin duda alguna y después de las experiencias vividas tendría una gran repercusión en sus espíritus pues habían conocido una forma de vida diferente y esto les dejaría un recuerdo imborrable.

Sería bueno que el paso del tiempo no fuera capaz de dejar en el olvido esas experiencias, esos quince días en los que la curiosidad primero, el interés después y el deseo de retener en sus memorias todo aquello que vieron y vivieron, quedaran muy dentro de ellos. Yo, para mí pensaba que ojalá jamás llegara ese olvido y

157

que la iniciativa del albergue se repitiera muchas más veces. Al verlos subir al avión levantando

VISITA AL PERIÓDICO EL DÍA

sus manos morenas y sus risas blancas, sentí un nudo en la garganta y las lágrimas inundaron mis ojos. La ilustración es de muy baja resolución debido a que se ha obtenido digitalizándola de un viejo ejemplar del periódico El DÍA, a pesar de lo cual creo que es un bonito recuerdo de aquellas jornadas.

LABOR ENCOMIABLE

Es reconfortante apreciar que cuando en el Sáhara fallaba un servicio, eran prácticamente los soldados españoles los que, dirigidos e impulsados por un mando eficiente y previsor, llenaban esas lagunas y lo hacían con una dedicación y sentido del deber que contrasta con lo que realmente deben hacer estas funciones. Me refiero a la Enseñanza y la Sanidad, donde una veintena de soldados no tenían inconveniente alguno en aleccionar a los muchachos saharauis en las escuelas de extrema vanguardia, muy alejados de los centros habitados, donde sólo un puñado de profesionales de la educación general básica (EGB) aceptaron ejercer su magnífica profesión.

En Sanidad, porque el Gobierno había conseguido de la Seguridad Social, que tres soldados médicos se hicieran cargo de la asistencia continuada a los obreros saharauis y que otros médicos no mostraban muchos deseos de realizar. Los médicos-soldados, agrupados a la seguridad social a lo largo de un solo mes prestaban numerosas asistencias, en total los "equipos volantes" que acudían a los tajos de pistas, iban tres veces en semana y dos puericultoras diplomadas saharauis prestando atención a 1.369 personas, de ellas 512 niños, 505 a hombres y el resto a mujeres. Es fácil apreciar la poca atención que se les prestaba a las mujeres, la mayoría de las veces por imposiciones de sus hombres. Estoy hablando del curso 1974-75.

Las anomalías más importantes registradas era la conjuntivitis, seguida de las diarreas agudas muy propias de la época estival y que fundamentalmente afectaba a los niños. De menor importancia, catarros, gastritis, cefaleas, bronquitis crónicas, otitis, asma bronquial, la lumbalgia, que sólo la padecían los hombres, mientras que la conjuntivitis era más propia de mujeres.

Gracias a la labor de estos equipos volantes, que acudían a los tajos de Edchera, Cabo Bojador y Tius, este último que los

PABELLÓN URGENCIAS

llevaba a Gelta de Zemmur. Es así y gracias a la colaboración admirable de estos soldados-médicos, la productora de Obras Públicas tenía

161

sus necesidades de carácter sanitaria perfectamente cubiertas.

Independientemente de la farmacia militar que suministraba los medicamentos tanto a militares como a civiles, se hizo una gran labor con la creación del Centro Farmacéutico en el barrio de Corominas, uno de los últimos edificios que durante mi estancia en el territorio vi levantar y formarse como un barrio de familias destacadas de la sociedad española que allí vivían. No estaba en la misma capital y el desplazamiento era obligatorio ir en coche, en Land Rover o en aquellas camionetas que resistían heroicamente los baches y saltos del acceso al centro entre piedras y tierra. Al frente, el Teniente de Farmacia Militar José Miguel Jáimez Alcaraz, cuatro soldados de la Policía Territorial y cuatro saharauis creo recordar. Yo formaba parte del equipo antes de opositar para RNE y durante algún tiempo colaboré principalmente en labores de administración, selección de medicamentos, control de recetas y ese largo etcétera difícil de concretar.

Fue una experiencia enriquecedora el suministrar medicamentos, sueros y todo tipo de asistencia farmacéutica, todo hecho con ilusión y camaradería con el convencimiento de que el Teniente Jáimez era muy respetado y querido por todos, dado su carácter abierto y amigable con todos los necesitaban ayuda. También se gestionaban las recetas de la seguridad social que el gobierno había puesto en marcha en el Sáhara.

Durante el tiempo que colaboré en el centro farmacéutico en las vacaciones del teniente Jáimez, éramos responsables tres soldados de la policía territorial y cuatro saharauis y desde ahí enviábamos medicamentos hacia Smara y otros poblados situados en el interior del desierto, principalmente sueros fisiológicos, cajas enteras para hidratar y alimentar a los "guayetes" (niños) y aunque tenía que mandar un determinado número de cajas y a sabiendas de que iba a durar poco la situación complicada cada vez mayor, decidí mandar el doble de esos sueros, las pomadas para las picaduras y sobre todo gotas oftalmológicas para las irritaciones que producía la arena y más si se levantaba el siroco del verano que los hacía arder, provocando serias conjuntivitis.

Un día llegó un conocido saharaui y me extrañó porque me pidió más cantidad de suero.

- ¡Pero si os van mucho más del doble de lo que os corresponde!

- Sí, pero las cabras toman mucho.

Yo pensé que era una broma, pero no.

- ¿Las cabras? Habrás querido decir los guayetes, son para ellos. ¿Cómo podéis hacer semejante disparate?

- Señora Conchi, si las cabras mueren no habrá comida para los guayetes y nos quedaremos sin alimentos, pero si el niño muere, se pueden hacer más.

No tuve palabras para seguir con el tema, pero aún ahora, en mis recuerdos, se me hace un nudo en la garganta. Todos nos quedamos mirándonos con estupor, fue una experiencia de pena y rabia y que, como era mi obligación, tuve que denunciar.

Esa tarde apenas me pude concentrar en mi trabajo en la radio.

Poco después, "La Realidad" del viernes 26 de septiembre de 1975 publicó:

«Prosiguen las gestiones para seguir la pista del Doctor Sastre, la madeja de los nuevos comandos terroristas lanzados por Marruecos se va destejiendo. Rio de Oro nos sorprende -según algunos rumores – con la aparición de un nuevo grupo político que apoya la gestión de la Asamblea, los "punsistas" piden en Dajla la liberación de dos de sus militantes detenidos, Irak apoya discretamente las tesis marroquíes y se confirman los contactos entre el Frente Polisario y la Unión Nacional Saharaui. Dos días después el periódico ABC del 24/10/1975 confirmaba la noticia de la liberación del Dr. Sastre.

«MI CÁRCEL ERA EL DESIERTO»

El Aaiún, 23. (Servicio especial.) Cuando tuve, al fin, ante mí al doctor Sastre Papiol me sorprendí por su juventud y su sencillez y, posteriormente, por la forma abierta y expansiva con que respondió a mis preguntas. Se habló demasiado de su secuestro cuando realizaba una visita profesional para extendernos ahora en repetirlo. En cambio, apenas se conoce la realidad de lo ocurrido.

- Cuando se dio la noticia de tu desaparición hubo muchas contradicciones, ¿qué fue, exactamente, lo ocurrido?

- Al salir de una jaima de atender a una mujer encontré varios grupos y un cierto movimiento. Algunos hombres estaban maniatando a los conductores que me acompañaban en mis desplazamientos y a otros que llevaban armas. Sin amenazarme, me dijeron: «tranquilo, tranquilo, no pasa nada» y, en principio, me ataron a mí también, pero más tarde, incluso, me soltaron.

- ¿Dónde te llevaron?

- Primero a una especie de acuartelamiento y luego donde residían, pero en el tiempo que estuve allí fui varias veces de uno de estos sitios al otro.

- Entre tantas versiones que se han dado de tu desaparición, algunas dicen que tú cediste voluntariamente, sin ninguna amenaza o mal trato, simplemente porque pidieron tu asistencia profesional, ¿qué hay de cierto?

La respuesta es tajante:

- Ni se me ha maltratado en ningún momento ni me habría ido de no ser obligado a ello.

- ¿Tuviste temor de peligro para tu vida o pensaste, quizá, desde un principio que se te requería como profesional de la medicina?

- Al principio estuve desconcertado. No se me dijo que estaba prisionero hasta el segundo día. Antes yo pensaba que esto era sólo algo que sucede a los demás, sin que a ti te pueda ocurrir, pero miedo nunca he tenido, ya que todo fue sin violencia.

- ¿Te requirieron en principio para atender algún enfermo o herido?

- Enfermos, enfermos sólo - corrige -, heridos no atendí a ninguno, Yo también pensé, al cabo de los días, que pudiera ser para algún herido, pero no fue así.

- ¿Es cierto que, además de atender, profesionalmente a algún enfermo, se te pidió que dieras a alguien, en noción orientadora, como de capacitación profesional, por carecer ellos de medios oportunos?

- Exactamente hace dos semanas que se me propuso. Allí hay una especie de botiquín con medicamentos y unos chicos que quieren poder manejarlo y se me pidió que, aparte de la labor profesional, lea diera algunas orientaciones más o menos prácticas, y, naturalmente, accedí.

FRANCO EL AFRICANO

Muchos se preguntarán el porqué de este apelativo al que fuera jefe del Estado Español Francisco Franco Bahamonde, pero creo que es el más acertado que se le podría dar para valorar su interés por la tierra africana. Podríamos referirnos a múltiples aspectos de su dedicación, de sus valores y conocimientos, hoy lo hago a su irrenunciable dedicación africana. Tenía 23 años y era el Comandante más joven de España.

Desde muy joven, prácticamente toda su juventud, discurrió en las tierras de este continente, de ellas partió para iniciar el Movimiento y situado ya en la cúspide del Estado, a él se le debe una

EL COMANDANTE FRANCO

171

amplísima política de promoción de lo que ha sido la España africana y una moderna visión del proceso de descolonización. Siempre se negó a reconocer los manejos franceses en Marruecos y siempre también reconoció la legitimidad dinástica de Mohamed V. Fue él quien contempló a Guinea Ecuatorial como un posible Estado con vida propia y quien después puso la retrocesión de Ifni. Defendía los derechos de los saharauis con sus eficaces armas dialécticas y todas las demás, ese derecho para su autodeterminación.

Franco ha sido el único Jefe de Estado que ha pisado tierra saharaui y dando crédito a las declaraciones de familiares muy allegados, el momento por lo que se retrasaba su descanso al que era merecedor tras tantos lustros de servicio, es precisamente el deseo de la descolonización del Sáhara, de acuerdo con los criterios invariablemente manifestados por España.

Pero por encima de todo y sobre la mera anécdota, la africanidad de Franco radica también en el hombre del desierto, la baza fundamental con la que jugar la política, una servía de habilidades estudiadas y la discreción, un valor permanente. El Jefe del Estado en su 39 aniversario al frente de los poderes públicos y con el timón de mando, no serán olvidados en los difíciles y emocionantes momentos por los que atravesó el Sáhara.

Franco visitó El Aiún y Villa Cisneros en 1950. El canal de YouTube contiene impresionantes imágenes retrospectivas de aquellos momentos.

NOTICIAS QUE DUELEN

Era una tarde de abril tranquila de esas que pocas veces se podían vivir en el Sáhara, concretamente en El Aaiún. Las cinco de la tarde o algo más, el Sol caía de plano, no había problemas de aparcamiento, en la misma puerta de la casa, mi Seat 127 de color rojo "extraño", era el último que quedaba cuando lo compré a un distribuidor que tenía su tienda muy cerca, y un 1430 para mi marido. Nuestro trabajo nos

NINO BRAVO

obligada a tener cada uno el suyo por razones de horarios y lugares de trabajo. La puerta del coche abierta, los niños acomodándose y yo a punto de sentarme cuando paró la música que siempre llevábamos puesta en el coche y se escuchó una voz que rompió el momento, decía «Nino Bravo ha fallecido en accidente de tráfico» un martes 16 de abril de 1973.

Siempre he admirado su voz y sus canciones, por aquel entonces nos había deleitado con "Por el amor de una mujer" una hermosa canción apenas nacida y que llegó al corazón de todos y pensé en su "Libre" algo que todos deseamos, la libertad del alma. Él la había encontrado. Lloré, no lo pude evitar.

¿Por qué lloras mamá? mi hijo el más pequeño.

No le supe explicar. Al día siguiente hice un programa especial con sus libertades, la que sería su casa y ese amor tan especial por el amor de una mujer.

En unas vacaciones con mi familia en Las Palmas de Gran Canaria como ya era habitual, una vez más y tres años más tarde volvió a enmudecer la música que escuchábamos en los jardines y la voz anunció que Cecilia, con su "Ramito de violetas" había

CECILIA

fallecido también en un accidente el 2 de agosto de 1976.

EN EL VERIL

Su familia veraneaba allí cada año, éramos los amigos de siempre que se unen por esas fechas.

Fue un silencio ensordecedor hasta la reacción de la pena y el llanto. Ellos marcharon a su duelo y nosotros nos quedamos con el recuerdo.

LA PESCA EN EL SÁHARA

La web *Sáhara Desarrollo* en su edición del 7 de agosto de 2019 aporta una serie de datos relativos a la industria pesquera que, por su relación con la temática del presente libro, he considerado interesante incorporarlo de forma resumida a nuestros lectores.

La zona atlántica sur (Laayun-Laguira) que cubre la región del Sahara se caracteriza por la diversidad de las especies haliéuticas cuya composición y abundancia van condicionadas en gran parte por los factores hidroclimáticos que reinan sobre la costa oeste africana. La explotación de esta biodiversidad originó la emergencia de una dinámica de inversión pública y privada en la región del Sahara en el sector marítimo (Laayun, Bojador, Dajla) desde su incorporación a la Madre Patria. El coste de estas inversiones roza unos 4.000 millones de dirhams, sin contar el esfuerzo del Reino de Marruecos en el ámbito portuario.

Estas inversiones dieron lugar a:

- La constitución de una flota de pesca contando, hasta hoy día, con 190 naves además de 5.866 barcas para la pesca artesanal;

- El desarrollo de una pesquería artesanal pulpera, dinámica y de alta calidad garantizando una industria local de congelación completamente modernizada;

- Iniciación de una pesquería de pequeñas pelágicas cuyo verdadero comienzo tendrá lugar con la aplicación del plan de desarrollo específico, en curso de adopción;

- La instauración de un potencial industrial de valorización de los productos de pesca de unas 130 unidades, es decir el 30% del efectivo total a nivel nacional;

- Construcción de dos establecimientos de formación en Dajla y Laayun;

- Equipamiento de los puertos de pesca con medios de rescate de vidas humanas en el mar;

- Construcción de puntos de desembarco acondicionados para el marco de los marines pescadores artesanales y la alimentación de sus condiciones de vida y trabajo;

- Instalación de infraestructuras y equipamientos de comercialización.

El sector de pesca marítima desempeña un papel de locomotor en el desarrollo socioeconómico de la región del Sahara. La riqueza sacada de la explotación de los recursos haliéuticos de las aguas de la región del Sahara, entre Laayun y Laguira, representa más del 60% del conjunto de la actividad de la pesca nacional en volumen y el 57% en valor.

Esta producción procede principalmente de los aportes de la pesquería pelágica costera y moderna y de las pesquerías demersales

DEMERSAL

practicadas por los segmentos artesanal, costero y de altura sin contar los recursos litorales de esta región cuya explotación está todavía en fase de comienzo.

Asimismo, el lanzamiento de la explotación de los recursos de pequeñas pelágicas de reserva ocasionó la entrada en actividad de una flota compuesta de cerqueros de tipo RSW y bous pelágicos congeladores que operan en el marco de la reconversión de las fábricas de congelación de pulpo hacia el pequeño pelágico.

La región del Sahara recuperada en 1975 se extiende a lo largo de 1.100 kilómetros de costas para una superficie de plataforma continental de 55.100 km². Esta última es caracterizada por la abundancia y la diversidad de recursos haliéuticos de estos espacios marítimos. Los recursos de pequeñas pelágicas constituyen la principal componente explotable de la biomasa global a nivel de esta zona.

Se caracteriza también por la ausencia casi total de cualquier infraestructura y superestructura susceptible de favorecer la explotación de este patrimonio haliéutico en buenas condiciones. A este respecto, y desde la recuperación por el Reino de Marruecos de sus provincias del sur, la voluntad de erigir el sector de la pesca marítima como eje estratégico del desarrollo económico y social de la región se ha concretizado por la realización de inversiones especiales tanto por el sector privado para la flota de pesca y las industrias de valorización, como el sector público para las infraestructuras de recepción y enmarco.

Los acondicionamientos de desembarco de esta zona se componen de 2 principales puertos implantados en Laayun y Dajla. Un tercer puerto de pesca está en curso de construcción en Bojador. A este respecto, estas infraestructuras de acogida han sido realizadas a nivel de 11 sitios de pesca en la región del Sahara.

La región del Sahara dispone de importantes reservas de recursos pelágicos explotada principalmente por una flota extranjera fuera de cualquier marco reglamentario, la explotación formal de la pesquería de los pequeños pelágicos de esta región no comenzó sino a principios de los años 80 con la actividad de las naves soviéticas que operan en virtud del acuerdo entre el Reino de Marruecos y la Unión Soviética.

Así pues, en espera de la aplicación de las disposiciones de este plan de desarrollo y en el marco del programa de reconversión de las unidades de congelación que han aceptado abandonar el tratamiento del pulpo, una cuota de 300.000 toneladas fue distribuido a las industrias de Dajla y Laayun. Otros recursos haliéuticos de la región, especialmente demersales, son objeto de explotación por las flotas costeras y artesanales locales.

La flota costera activa en los puertos de la región del Sahara se estima en 170 cerqueros, 300 bous que operan esencialmente durante el período de inauguración de la pesca de pulpo y 20 palangreros. A esta flota se añade un efectivo de 5.000 barcos artesanales, incluso el 90% concentrado en las regiones de Bojador y Dajla. Los barcos artesanales de Dajla atacan el pulpo y el pescado demersal. Según este cuadro, el puerto de Laayun contribuye con más del 89% en peso en la producción haliéutica de la región y el 43% en términos de valor. Esta posición que ocupa el puerto de Laayun se debe a la producción de pescado pelágico. Es uno de los principales puertos productores a nivel nacional. La pesca artesanal es esencialmente concentrada sobre los cefalópodos y el pulpo en particular. En paralelo con la flota costera y artesanal, las aguas de la región del Sahara son también el lugar de pesca, por excelencia, de la flota de cefalópodos destinada a la congelación y de los palangreros modernos, si bien la flota que opera en esta zona efectúa sus desembarcos en los puertos de Agadir y Tan-Tan".

El pueblo saharaui hizo un llamamiento los parlamentarios europeos a no votar a favor del acuerdo de pesca entre la Unión Europea y Marruecos ya que sería el mismo acuerdo resultado del anterior. Era necesario que las naciones unidas asumieran sus responsabilidades legales de cara a la protección de los recursos naturales al igual que hicieron en otros países como Timor Oriental y Namibia.

El acuerdo pesquero entre la U.E. y Marruecos, bloqueado por el Parlamento Europeo, permitía a 101 embarcaciones españolas faenar en aguas de Marruecos, pero también de forma ilegal en las pertenencias del Sáhara Occidental donde se descubrió que era uno de los caladeros más importantes de áfrica occidental.La decisión a favor de Marruecos afectaría a distintos países, pero España sería la más perjudicada especialmente Andalucía, Canarias y Galicia y no sólo por la pesca, también los puestos de trabajo ya que son los que más pescaban, 740 toneladas al año en un período de cuatro años, era una suma considerable, 14,5 millones de euros (dos mil cuatrocientos millones de las antiguas pesetas)

INCIERTO FUTURO DE UNA REPÚBLICA SIN TERRITORIO

Desde principios de la década de los setenta, se conoce como Sáhara Occidental a la fachada atlántica del gran desierto norteafricano que, dentro del reparto colonial, fue adjudicada a España, bajo cuyo dominio, más o menos efectivo a partir de 1934, se conoció como Río de Oro, África Occidental Española y Sáhara Español. Según la delimitación colonial, este sector sahariano suponía una extensión de 266.000 kilómetros cuadrados, sobre los que el último censo español registró menos de 80.000 habitantes. El sector septentrional de este territorio lo domina la depresión del uadi o oued Saguia El Hamra, mientras que el resto corresponde a una penillanura en la que se alternan algunas alineaciones de relieve y depresiones o sebjas. Dominio de clima árido y con vegetación xerófila, apenas puede alimentar una ganadería poco exigente de caprinos, camellos y ovinos. Sin embargo, ya los españoles descubrieron importantes yacimientos de fosfatos (Bu Craa), vestigios de mineral de hierro (en el sur), una extensa bolsa de acuíferos subterráneos y una gran riqueza ictiológica en las aguas de la plataforma continental.

Hacer una síntesis física y económica del Sáhara Occidental es algo que no ofrece mayor dificultad, puesto que no hay mucho que decir. Complicado sí es abordar el plano de lo humano con todas sus derivaciones, porque mientras para unos existe un pueblo saharaui perfectamente diferenciado dentro de la gran "nación árabe", para otros los habitantes del Sáhara Occidental son simplemente marroquíes sureños. Detrás de tales opiniones confrontadas hay, por si fuera poco, largos años de cruenta guerra y una situación internacional equívoca.

Analizar debidamente el problema del Sáhara implicaría un estudio profundo que no es posible verificar en estas líneas. Para una aproximación al tema ténganse en cuenta, sin embargo, los siguientes puntos: las gentes nómadas que viven en el Sáhara Occidental poseen una identidad plenamente arabizada e islamizada, lo cual les vincula a todos los vecinos magrebíes, pero a ninguno de forma especial;

Argelia, enfrentada con Marruecos por disputas territoriales y posiblemente con ambiciones propias, adoptó una posición favorable a la creación de un estado saharaui;

desbordada por problemas internos y por la presión exterior de Marruecos, España traspasó a este país y a Mauritania la administración del Sáhara en noviembre de 1975; la sustitución de los españoles por los marroquíes y mauritanos tomó por parte de estos últimos las características de una invasión militar, con bombardeos y desplazamiento de la población autóctona saharaui, parte de la cual se refugió en Tinduf (Argelia). En plena lucha armada de liberación nacional, el Frente Polisario proclamó en febrero de 1976 la República Árabe Saharaui Democrática, con el apoyo de Argelia; vencida militarmente por los saharauis Mauritania se retiró del Sáhara en 1978 y a partir de este momento el enfrentamiento quedó exclusivamente planteado entre Marruecos y el Frente Polisario.

Con el transcurso del tiempo, las contradicciones del problema se acentuaron, ya que mientras el estado sin territorio saharaui por más de 70 países, el Frente Polisario, pese a los duros golpes que le propinó en determinados momentos, no pudo vencer militarme a Marruecos, que consolidó mediante muros defensivos su implantación en el territorio.

SOLDADO DEL POLISARIO

(Pie de foto) El desértico territorio del Sáhara Occidental ha sido escenario de largos enfrentamientos, durante las décadas de los setenta y los ochenta, entre el movimiento independentista saharaui, Frente Polisario y las tropas marroquíes. En el trasfondo de este choque nacionalista cabe señalar la disputa por los ricos yacimientos de fosfatos de Bu Craa.

A finales de los ochenta ambos contendientes dieron síntomas de agotamiento, hubo entrevistas y se habló de referéndum de autodeterminación y de autogobierno saharaui. El acercamiento entre Marruecos y Argelia, especialmente a partir de la constitución de la Unión del Magreb Árabe en febrero de 1989 pareció dejar al Frente Polisario en una situación de progresivo aislamiento, refrendando por el cambio de bando de alguno de sus líderes, que se pasaron a Marruecos.

¿LLUEVE EN EL SÁHARA?

Cuando se piensa en la necesidad de desarrollar la agricultura en el mundo, de cultivar alimentos para animales o personas, el desierto del Sahara no es el primer lugar que viene a la mente. Pero es precisamente ahí donde, quizá, ese tipo de actividad más se necesite. La lluvia en el Sáhara es prácticamente inexistente y suelen aparecer en fechas concretas. Esta pregunta que parece que no tiene importancia, la tiene y mucha, porque la sequía, a veces, viene

ORDEÑANDO LA CABRA

marcada con pautas de varios años, aproximadamente cada siete años. Según me contaba al hablar con el Ingeniero jefe del Servicio de Agricultura y Ganadería del Gobierno, Miguel Sáez Palacios, que existe una lucha constante para conseguir conservar el agua de las lluvias para su uso agrícola, algo tan escaso en las arenas y en el clima donde es impensable ver llorar al cielo. Precisamente y dada estas situaciones se intenta hacer por medio de sistemas de regadío el cultivo de pastos y forrajes en zonas adecuadas para hacerlo y precisamente esos lugares se encuentran situados en la zona Norte, en la desembocadura del río Saguía El Amra, esto en la zona Norte, y en Tiniguir y Tauarta en el Sur. En ambas zonas se ha hecho un gran esfuerzo para conseguir cultivos suficientes.

En 1975 se produjeron precipitaciones en el noreste del territorio donde se recogieron hasta 10 litros por metro cuadrado en Smara y Hausa, en total 40 milímetros de preciada lluvia que terminaron interceptando el tránsito en la carretera y se pudieron observar muchas zonas encharcadas entre Sidahmen, Laarosi y Smara. Hay que hacer notar que en el desierto se produce una rápida evaporación del agua de lluvia debido a las altas temperaturas existentes.

Me asevera también que "es curioso observar la tradición mantenida por los antiguos habitantes de Sáhara, que dice que la aparición de lluvia durante el verano anuncia que las siguientes estaciones serán favorables para nuevas precipitaciones. Aun cuando existen predicciones de un laboratorio de los EE. UU. que anuncia que el periodo de sequía será más pronunciado de lo habitual, nosotros, por aquello que dice que «del viejo el consejo», deseamos que tengan razón.

La fauna saharaui se ha visto considerablemente mermada hasta el extremo de que alguna especie puede darse prácticamente por extinguida, como es la de los avestruces. Sólo recuerdo haber visto una pareja en todo el tiempo que permanecí en el Sáhara.

Aparte, los camellos, cabras, ovejas y burros de los que todavía existen bastantes, también se han visto disminuir su número. Por ejemplo, las gacelas se ven en pequeños grupos, incluso se ha llegado a decir que han visto leopardos en alguna ocasión.

Al contrario de lo que algunos creen, los territorios del Sáhara Occidental no son totalmente desérticos. Poseen una flora y una fauna relativamente ricas.

Existen más de quinientas especies vegetales diferentes que se distribuyen a lo largo del territorio en función de las condiciones climáticas, la composición del suelo y la abundancia de agua.

Las zonas húmedas como las "graras" y los ríos secos, son las más ricas en vegetación.

GRARAS

En esos lugares es fácil encontrar acacias; gramíneas como el trigo y la cebada; plantas leñosas y herbáceas como el "melón de burro" o la "turya". Esta última, evitada por muchos animales, suele ser un buen indicador de la existencia de una capa de agua a escasa profundidad.

Las "graras" son depresiones de tamaño variable, resultado de infiltraciones de agua que acaban por producir el hundimiento del terreno. Generalmente recogen las aguas de los alrededores. Su fondo arcilloso puede ser cultivado si uno se adapta a la estacionalidad de las lluvias.

A la pregunta de si llueve en el Sáhara, ya les comenté hablando del "irifi" que cuando se van desvaneciendo sus cortinas de arena espesa y el cielo deja de ser gris, toma su relevo y descarga lluvias torrenciales, que afortunadamente no son muy largas, pero si lo suficiente para preocuparnos pensando en las inundaciones. Después queda agua y arena convertido en barro donde es difícil transitar.

TORMENTA DE ARENA

TRIBUS DEL SAHARA

Los erguibat también llamados reguibat, son una agrupación tribal arabófona de origen árabe Cherfa, establecida entre el este de Sahara Occidental, el sur de Marruecos, el norte de Mauritania y el extremo suroeste de Argelia (región de Tinduf). Hablan el dialecto hassanía y practican principalmente el rito malikí.

(Nota: El Madhab malikí es uno de los cuatro fiqh o escuelas de derecho que existen dentro del islam sunní predominante en Sahara Occidental, Mauritania, Marruecos, Túnez, Argelia, Libia, Kuwait, Baréin y Emiratos Árabes Unidos)

Es una de las tribus saharauis de mayor entidad de Sahara Occidental y del reino de Marruecos. Durante el censo español de 1974, representaban más de una cuarta parte de la población de Sahara Occidental. Se subdividen en dos grupos: los Erguibat as-Sahel, al oeste, y los Erguibat el-Gouacem, al este.

El libro "Censo 1974" publicado por el servicio de registro de población del Gobierno General de Sáhara fue uno de los mayores empeños del coronel Luis Rodríguez de Viguri, como uno de los aspectos más transcendentales que la Administración debía afrontar para sentar las bases del futuro territorio sobre cimientos. No era la primera vez que se acometía esa difícil empresa. Y decimos difícil, porque a pesar del proceso de sedentarización que se estaba viviendo en esos últimos años, todavía quedaba un numeroso contingente que practicaba temporal o permanentemente, el tradicional nomadeo.

El primer intento para averiguar la población real del Sáhara se publicó en 1940 en el volumen "Resumen estadístico del África Española" dando un resultado de 23.231

habitantes autóctonos. Nuevos intentos se realizaron en 1945, 1950, 1965 y 1967, este último actualizado en 1970, censo en que se obtuvo un total de 61.257 habitantes saharauis. Los trabajos se iniciaron a principios de septiembre y se fijaron como objetivos la obtención de un censo total de la población, un censo electoral, un censo escolar, la discriminación entre la población de hecho y de derecho y otros aspectos demográficos y estadísticos.

Bajo el mando del jefe del servicio se constituyó un equipo formado por un adjunto para cada una de las delegaciones gubernativas y 30 escribientes bilingües capacitados en un curso previo. Se habilitaron diez vehículos, que en total recorrieron 60.000 kilómetros. También se realizaron tres desplazamientos en helicóptero a lugares de difícil acceso.

En la elaboración del censo se tropezó con el inconveniente de haberlo iniciado en el mes del Ramadán y por el contrario, de que la sequía que padecía el territorio en aquellos momentos ayudó a desentarizar a núcleos importantes de población nómada.

Los datos obtenidos por estos equipos se codificaron en unas fichas que fueron tratadas en los ordenadores del Instituto Nacional de Estadística en Madrid. En total se rellenaron un millón doscientos mil campos de codificación, durando la perforación hasta el mes de diciembre, momento a partir del cual las operaciones llegaron a su fin. Los datos obtenidos se publicaron en un interesantísimo volumen titulado "Censo-74".

73.497 eran los saharauis que habitaban el territorio, de los cuales 38.336 eran varones y 35.161 mujeres. Es de destacar que más del 50 por ciento de la población de uno y otro sexo era menor de 17 años, lo que se plasmó en una pirámide poblacional de amplia base y habla claramente de la juventud de la sociedad saharaui. También se registró la existencia de 857 residentes y 548 extranjeros.

La agrupación erguibat está constituida por varias tribus, reagrupadas al seno de dos confederaciones: Erguibat Sahel, compuesta por las tribus Oulad Moussa, Souaad, Oulad Daoud, Lemodhin, T'Halat, Oulad Taleb y Oulad Cheikh. Reguibat Charq, está compuesta por las tribus Loubeïhat, Lahcen-ou-Hmad, Brahim-ou-Daoud, Sallam y Foqra.

«Cuando lograron su independencia Marruecos, Mauritania y Argelia, las tribus saharauis decidieron que había llegado la hora de buscar su unidad como pueblo. Con un pacto de Unión Nacional, en 1975, intentaron abolir el tribalismo. Ello suponía grandes cambios en la organización social y económica, el poder debía ser transferido de viejos a jóvenes, debía abolirse la esclavitud, debían otorgarse derechos que las mujeres no gozaban, permitirse matrimonios intertribales. El proceso parecía marchar bien mientras hacían la guerra

Marruecos y Mauritania, hasta que llegó la paz y
el flujo de la ayuda humanitaria.»

TRIBUS SAHARAUIS

TUAREGS LOS HOMBRES AZULES

Repartidos por los territorios del Sahara occidental, las 300.000 personas que integran la población tuareg están repartidas entre Argelia, el sureste de Marruecos, Libia, Malí y Níger. Las diversas tribus, o kel, hablan variantes de la lengua tamacheq, de ascendencia bereber, y conservan una forma propia de escritura, tifinagh.

«A los tuaregs nos llamaban los hombres azules por que la tela destiñe algo y nuestra piel toma tintes azulados. Es el color dominante: el del cielo, el techo de nuestra casa» explica Moussa Ag Assarid. Se elabora con una

TUAREG

planta llamada índigo, mezclada con otros pigmentos naturales. El azul, para los tuaregs, es el color del mundo.

«Tuaregs significa "abandonados", porque somos un viejo pueblo nómada del desierto, solitario, orgulloso: "Señores del desierto", nos llaman. Nuestra etnia es la amazigh (bereber), y nuestro alfabeto, el tifinagh»

La tradición de esconder el rostro tiene un origen antiguo y poco claro: algunos investigadores la relacionan con el reparo de mostrar la boca ante los extraños y las mujeres, regla que todavía está vigente entre muchos pueblos saharianos. Su uso, dicen, también se puede deber al miedo a inhalar espíritus malignos.

Por lo que respecta a los tuaregs, sólo es respetada por los hombres. Las mujeres, en cambio, van con la cara descubierta, aun perteneciendo a la religión musulmana, y gozan de cierta libertad de movimientos y de una importancia notable en el interior de la comunidad, siendo la única depositaria de las tradiciones orales. La mujer es libre de escoger marido, y el matrimonio es monogámico. La estructura familiar es matrilineal, y esto es un legado de los ascendentes bereberes.

«Pastoreamos rebaños de camellos, cabras, corderos, vacas y asnos en un reino de infinito y de silencio. Si estás a solas en aquel silencio, oyes el latido de tu propio corazón. No hay mejor lugar para hallarse a uno mismo.»

Con el desierto ante ti, no digas: ¡Qué silencio!

Di: No oigo.

Con el desierto ante ti, no digas: ¡qué aridez!

Di: ¡qué extraña belleza!

Con el desierto ante ti, no digas: ¡qué inmensidad!

Di: ¿por dónde comienzo?

Con el desierto ante ti, no digas: ¡qué pobreza!

Di: ¿qué más necesita mi pensamiento?

Con el desierto ante ti, no digas: ¡qué soledad!

Di: soy lo que conmigo llevo

Con el desierto ante ti, no digas: ¡qué oscuridad!

Di: no veo, pero lo siento

Con el desierto ante ti, no digas: ¡qué sed!

Di: ¿cuánto preciso beber?

Con el desierto ante ti, no digas: ¡imposible vivir!

Di: la vida es lo que he de aprender

Con el desierto ante ti, no digas: ¡qué cansancio!

Di: ¡cuánto camino por recorrer!

Con el desierto ante ti, no digas: ¡no puedo más!

Di: si las dunas avanzan, yo también

Con el desierto ante ti, no digas: me doy por vencido

Di: seguiré, aunque quizás no llegue a mi destino

Con el desierto ante ti, no digas: ¡no hay nadie más!

Di: todos tenemos desiertos que atravesar y desiertos que coincidir

Con el desierto ante ti, no digas: la arena me abrasa

Di: con la arena se construyen casas

Con el desierto ante ti no digas: estoy perdido

Di: tiene que haber algún camino

Con el desierto ante ti, no digas: ¡jamás saldré!

Di: lo que tiene comienzo tiene su fin.

Cuando estés ante tu desierto, piensa, que es uno de los paisajes más bellos de la tierra: no temas, en él está tu sustento

Di: allí aprendí lo más cierto.

Cuando estés ante el desierto no digas: ¡qué silencio!

Di: no oigo.

(Anónimo tuareg)

LUNA DEL DESIERTO

Para recordar todas las travesías por el desierto, transportando oro, sal o dátiles a cambio de mijo, cereales, telas... en largas caravanas de dromedarios, se mantiene el rito del té que se tomaba la noche en la que se establecía el campamento, y que se servía tres veces: una por el huésped, otra por uno mismo, y una tercera por Alá. Hoy en día, a los tres hervores se les proporciona tres grados diferentes de dulzor, que a su vez están asociados con tres grandes emociones: el primero, fuerte como el amor; el segundo, amargo como la vida; y el tercero, dulce como la muerte.»

«A los siete años ya te dejan alejarte del campamento, para lo que te enseñan las cosas importantes: a olisquear el aire, escuchar, aguzar la vista, orientarte por el sol y las estrellas. Y a dejarte llevar por el camello, si te pierdes: te llevará a donde hay agua. Allí todo es simple y profundo. Hay muy pocas cosas, ¡y cada una tiene enorme valor! Allí, cada pequeña cosa proporciona felicidad. Cada roce es valioso.

DANZA TRADICIOMAL

¡Sentimos una enorme alegría por el simple hecho de tocarnos, de estar juntos! Allí nadie sueña con llegar a ser, ¡porque cada uno ya es!» Lo que más añoro es la leche de camella y el fuego de leña. Y caminar descalzo sobre la arena cálida. Y las estrellas; allí las miramos cada noche, y cada estrella es distinta de otra, como es distinta cada cabra. En el desierto no hay atascos ¿y sabes por qué? ¡Porque allí nadie quiere adelantar a nadie!"

VISITA DE LA ONU

La estancia en Sáhara de una Comisión Visitadora de las Naciones Unidas venida expresamente a esta tierra para conocer la opinión del pueblo saharaui sobre su futuro ha constituido un acontecimiento histórico del que Radiotelevisión de Sáhara tenía la obligación de informar con toda amplitud.

Todos los servicios y empleados de nuestro Centro Emisor de Aaiún colaboraron de forma extraordinaria para cubrir con amplia holgura tales exigencias informativas. Mientras en la emisora permanecían prestando servicios extraordinarios el resto de los empleados se constituyó un equipo exterior que, conjuntamente con nuestro director, estuvo integrado por el jefe adjunto de emisiones y redactor radiofónico, don Hassán Ahmed Alí Abdalah; redactor radiofónico don Andrés Montes Punzón; auxiliares de control y sonido don Naama Mohamed Embarec y don Nayem Mohamed Aomar; comentarios don Enhamed El Cadí, y subalternos don Bud-da El Hamuadi y don Abdati Alamin Ahmed.

Dicho equipo se desplazó a todos y cada uno de los lugares a los que acudió la Comisión Visitadora, cubriendo en directo tanto la información de su llegada al aeropuerto de El Aaiún y los actos celebrados en la capital como las visitas realizadas a Daora, Bu-Craa, Playa de Aaiún, Tifariti, Guelta Zemmur, Mahbes, Smara, Villa Cisneros, Aargub, Auserd, Tichla y Güera. Nuestro equipo recogió todas y cada una de las actividades desplegadas por la Comisión y, lo que es todavía más importante, el pálpito vivo del pueblo saharaui, que expresaba a cada instante sus anhelos de independencia.

Radiotelevisión de Sáhara prestó asimismo su asistencia personal y humana al montaje de los servicios informativos oficiales,

VISITA DE LA ONU

que atendieron a periodistas y corresponsales nacionales y extranjeros y de forma muy particular a los enviados de Radio Nacional de España y Televisión Española.

Antes de llegar a Sahara la Comisión Visitadora de la ONU se celebró una rueda de prensa en nuestro Centro Emisor de Aaiún, en la que participaron el presidente de la Yemaa General, Don Jatri uld Said uld Yumani, presidente del Cabildo Provincial, don Seila uld Abeida uld Sidi Ahmed; procurador en Cortes de representación familiar, don Ahmed uld Brahim uld Bachir, y alcalde-presidente del Ayuntamiento de Aaiún, don Bachir uld Abidin uld Mumen.

En suma, todos los dispositivos de Radiotelevisión de Sahara estuvieron plenamente dispuestos para ofrecer a nuestros oyentes todo aquello que tan histórico acontecimiento demandaba.

La estancia en Sáhara de la Comisión visitadora de las Naciones Unidas es un acontecimiento largo tiempo esperado, por cuanto supone una excelente oportunidad para que el pueblo saharaui ponga de relieve, con absoluta libertad, sus anhelos y aspiraciones cara a la configuración de su futuro político.

Acontecimiento tan señalado aún más si cabe a Radiotelevisión de Sáhara a informar sus oyentes del desenvolvimiento de la visita en sus diversas facetas. No hay que olvidar que con la Comisión viajaban mandos de la Policía Territorial. Esta es la razón por la que hemos introducido algunas variaciones en nuestra programación.

MISIÓN DE LA ONU

En cuanto a la información propiamente dicha sobre la misión, a lo largo de nuestros espacios informativos "Radio noticias" y "Lahbar saharaui", tanto en castellano como en árabe-hassanía, se fue dando cuenta puntual de las diversas noticias que se producían. Y, además, se establecieron sendos programas específicos denominados "Crónica de la Misión Visitadora de la ONU" que resumían la actualidad de la jornada y que se transmitieron tanto en castellano como en árabe-hassanía en distintos horarios.

El pueblo saharaui hizo un llamamiento los parlamentarios europeos a no votar a favor del acuerdo de pesca entre la Unión Europea y Marruecos ya que sería el mismo acuerdo resultado del anterior. Era necesario que las naciones unidas asumieran sus responsabilidades legales de cara a la protección de los recursos naturales al igual que hicieron en otros países como Timor Oriental y Namibia.

El acuerdo pesquero entre la U.E. y Marruecos, bloqueado por el Parlamento Europea, permitía a 101 embarcaciones españoles faenar en aguas de Marruecos, pero también de forma ilegal en las pertenencias del Sáhara Occidental donde se descubrió que era uno de los caladeros más importantes de áfrica occidental.

La decisión a favor de Marruecos afectaría a distintos países, pero España sería la más perjudicada especialmente Andalucía, Canarias y Galicia y no sólo por la pesca, también los puestos de trabajo ya que son los que más pescaban, 740 toneladas al año en un período de cuatro años, era una suma considerable, 14,5 millones de euros (dos mil cuatrocientos millones de las antiguas pesetas)

VISITA DEL PRÍNCIPE JUAN CARLOS

En otro orden de cosas, tal vez uno de los episodios más tristes e incomprensibles de aquellos momentos fue que pocas fechas antes, concretamente el 2 de noviembre de 1975, el príncipe Don Juan Carlos de Borbón visitó a El Aaiún, momento que recoge la ilustración.

El Príncipe Juan Carlos saludando a las tropas

224

Nuestra discreción y el más elemental sentido de la profesionalidad y honradez nos impide dar nuestra versión de todo lo acontecido en aquellas fechas. Espero que nuestros amables lectores nos sepan disculpar por ello.

Ya estaban los invasores a las puertas del Aaiún, vinieron los niños y todos juntos en un avión militar nos fuimos alejando de aquella tierra que tanto habíamos llegado a amar. Trajimos a mis hijos desde Las Palmas para salir toda la familia juntos en un avión militar con lo más preciso, porque todas nuestras pertenencias quedaron en lo que había sido nuestra casa, nuestro hogar, durante esos cuatro años. Mis hijos lloraron por sus amigos saharauis. Guardo con amor todos los fósiles de cuando el desierto era un vergel que la naturaleza con un gran cataclismo convirtió en desierto.

Cuando me despedí de mi viejo amigo pescador y con lágrimas, le hice una pregunta.

— ¿Qué ha pasado?

— Maktub— me respondió

— ¿Qué significa eso?

— Estaba escrito, el destino. Tomemos el camino que tomemos, llegaremos al lugar escrito y si estás viva es porque no has llegado donde debías. Y puso entre mis manos una rosa del desierto que conservo como un tesoro.

ROSA DEL DESIERTO

(Nota) La rosa del desierto es una roca sedimentaria evaporítica formada en los desiertos, de ahí su nombre, cuando se forman diversas capas de yeso, agua y arena. Forma cristales muy bellos que recuerdan una flor, de ahí la denominación de rosa. Suele ser de color arena oscura. Su interés es plenamente ornamental y/o decorativa.

LA ENTREGA A MARRUECOS

El texto completo del acta es el siguiente:

"En la ciudad de Aaiún, a las trece horas del día veintiocho de febrero de mil novecientos setenta y seis y por cese de la Administración Española del Sahara, se hace entrega de la Emisora E.A.J. 202-203, Radio Sahara, de la Red de Emisoras de Radio Nacional de España y dependiente del Gobierno General de este Territorio, por el director de la misma D. FEDERICO CAMPOS ALVAREZ y en presencia de la Administrador-Habilitado D.ª VIRGINIA GALLO ZETINA, a los Sres. D. MOHAMED JADE, Representante de la Radiotelevisión Marroquí y D. SOULEIMANI ABDELHAK, Jefe

Técnico de la Radiotelevisión Marroquí en Aaiún.

Revisado el material adscrito a Inventario por los Sres. MOHAMED JADE y SOULEIMANI ABDELHAK, es hallado de conformidad, a excepción del material técnico de filmación de Televisión que, según nota que se adjunta, obra en poder de D. BARTOLOME PELAEZ TORRALBA, actualmente Administrador de los Bienes de España en el Sahara, firmando los reunidos en la ciudad de Aaiún fecha ut supra". (referencia: Breve historia de Radio Sahara, Dr. Francisco José MONTES FERNÁNDEZ, exprofesor Universidad Complutense)

Cuando el Gobierno evacuó el ejército y Salazar salió con los últimos soldados del puerto de Villa Cisneros, Viguri quedó en El Aaiún para asegurar la transición y salvaguardar los intereses españoles. Clamó en los periódicos contra el abandono del Gobierno español y fue destituido de un plumazo por el tándem Arias Navarro-Santiago y Díaz de Mendívil.

El coronel Rodríguez de Viguri regresó a su casa de Madrid para, jubilado al poco tiempo, su pronta salida del ejército le impidió alcanzar el fajín de General acariciado durante mucho tiempo y entrar en el silencio de la vida civil, con el recuerdo admirado de quienes fueron, poco a poco, descubriendo al hombre tenaz e inteligente, que se había jugado con la dignidad de su palabra y la seriedad de su actuación las medallas que muchos aceptaron tras el deshonroso abandono. Su mejor medalla fue el respeto que desde entonces le tributó el pueblo saharaui.

COMIENZA LA INVASIÓN

La Marcha Verde fue organizada por Marruecos con la sola idea de conquistar todo el Desierto. Nadie salió bien parado de una historia prohibida del Sáhara Español, una historia llena de dolor, estupor y desilusiones porque nos vimos abandonados y sin apoyos en aquellos momentos de guerra, traiciones, mentiras y una lucha permanente contra la difícil y dolorosa situación ¿se habían olvidado de nosotros las máximas autoridades españolas? ¿íbamos a abandonar a nuestros amigos y compañeros saharauis a su suerte?

Me tuve que separar de mis hijos que quedaron al cuidado de unos grandes amigos en Las Palmas de Gran Canaria. Compañeros de la radio se fueron pidiendo destinos en la península, mi vida estaba amenazada y perseguida y por tres veces intentaron matarme y lo más triste es que la amenaza venía de un compañero saharaui, lógicamente a las órdenes de Marruecos.

No le di importancia a que su coche fuera detrás del mío de los muchos que existen en las subidas y bajadas del desierto, incluso le cedí el paso, pero no aceptó, a cada lado del camino se cortaba bruscamente por profundos barrancos, todo habría quedado como un desgraciado accidente. Desesperada aceleré cuanto pude para acercarme a un cuartel ocupado por un Regimiento militar y al sonido insistente de mi claxon se dieron cuenta de lo que ocurría. Abrieron las puertas de par en par y entré deshecha, sin fuerzas y temblando de miedo y de pena. Los soldados armados con fusiles reglamentarios lo detuvieron y no supe nada más de él, pero el sentimiento de la traición de un compañero duele en el alma.

LA MARCHA VERDE

Llegaron momentos muy duros de atentados, muertes, noches interminables con el sonido de los disparos. Habían pasado cuatro años y nos fuimos como consecuencia de la Marcha Verde. A mi padre, que me lo llevé conmigo, desde que vimos la situación, se tuvo que marchar a Barcelona con mi hermana. Él fue feliz en el Sáhara y casi pudo superar el infarto por la muerte de mi madre. Yo todavía no lo he superado. Mis hijos en Las Palmas de Gran Canaria en el apartamento del Veril, en Maspalomas, donde disfrutábamos las vacaciones. Me quedé sola en principio y con toque de queda. La velocidad máxima a que nos permitían circular era de cuarenta kilómetros por hora, cuando cada noche volvía a casa después de pasar todo el día mandando información con un compañero a Madrid, gracias a un teléfono que nos facilitó el Gobierno y a veces tirados en el suelo, me ponían las metralletas delante del coche y me lo registraban. Pasados unos días y como ya me conocían, un par de ellos me escoltaban hasta mi casa, fui una de las últimas mujeres que salió de allí, la entrega de Radio Sáhara fue un amargo dolor.

La labor que realizamos nos fue reconocida con el nombramiento de Miembros de la Orden de África por el Rey Juan Carlos. En la página 4 del periódico La Realidad del 3 de octubre de 1975 se publicó la siguiente noticia que, dicho sea de paso, me llenó de orgullo y satisfacción. Dice así: Felicitación a una empleada de Radiotelevisión de Sáhara. «Siempre es noticiable la ejecutoria de un productor ejemplar que recibe una recompensa, la información nos llega desde Radiotelevisión de Sáhara, donde doña Concepción Ruiz Mínguez -Conchita para todos los de la radio- ha recibido un escrito del director de Radiodifusión y Televisión felicitándola por su excelente dedicación y ejecutoria profesional como redactora de programas de dicha emisora. Unimos nuestra enhorabuena a todas las que habrá recibido de sus numerosos amigos»

CUANDO PERDIMOS EL SÁHARA

El periódico tinerfeño EL DÍA publicó en 1992 una serie de artículos en el suplemento dominical LA PRENSA escritos por Luis Tapia Aguirrebengoa bajo el título que encabeza este espacio.

La figura del Coronel de Infantería y Diplomado de Estado Mayor, don Luis Tapia Aguirrebengoa, será recordada siempre como uno de los mejores ejemplos del buen hacer profesional en el duro oficio castrense en las Islas Canarias.

Pese a que nació en Vitoria y no llegó al Archipiélago hasta 1975, procedente de su etapa legionaria en que fuera comandante de la 7ª Bandera del 4° Tercio de la Legión en Smara, donde dejó bien alto el pabellón del honor, servicio a España y su lealtad a la Bandera. Pese a ostentar esta alta graduación, ser condecorado innumerables veces y ser Comendador de la Orden de África y de la Orden de San Hermenegildo, su gran humildad y entrega hicieron de él un militar con unas cualidades excepcionales y que deja ahora una trayectoria intachable. Falleció el 25 de octubre de 2006.

Tal vez el comentar esos días de nuestra retirada recoja los testimonios de los que estábamos en primera línea y que vivimos con toda su crudeza y amargura. Tal vez también la impresión y el sabor amargo de aquella ya lejana esperanza que perdura en nuestros corazones y recuerdos como el primer día. El desenlace estaba próximo, sin tiempo apenas para las despedidas de los que allí se quedaban, en sus caras se reflejaba la desesperación, la tristeza, el miedo y tal vez el desconcierto y la pregunta del porqué de esa marcha precipitada, una historia escrita con terror y sangre que dejábamos atrás, pero ellos se quedaban en la desafortunada descolonización del Sáhara occidental. Nunca se pudieron hacer las cosas peor.

«Próximo ya el desenlace, escribía el por entonces teniente Aparicio de Tropas Nómadas: "aquí las cosas han salido tan mal que no nos quedan ni barcos ni honra. Hemos quedado mal ante la ONU, el mundo, los árabes y nosotros mismos. Hemos vendido a los saharauis y, además, los hemos vendido por nada. No estuve en Cuba ni en Marruecos ni en Filipinas, ni en Ifni ni en Guinea, pero he estado aquí y he visto las cosas tan de cerca que dudo hayan podido hacerse peor anteriormente" Esto, escrito por un joven oficial, mientras ve cómo se esfuman muchas de sus ilusiones, constituye un testimonio de gran valor. "Aquí quedan, añadía, las noches de dormir sólo con mis hombres en la inmensidad del desierto, aquí quedan otras noches en las que siempre veía la Luna y esas otras en las que tan sólo me despertaban los murmullos de mis soldados saharauis rezando de madrugada. Allí quedaron nuestras ilusiones de gloria, allí quedó abandonada sobre las arenas la victoria que debíamos a nuestra Patria allí quedó la dignidad maltrecha y humillada de una guarnición española que había soñado en hermosos amaneceres. De allí salimos con una terrible duda, la de si habíamos faltado al sagrado juramento que hicimos a España cuando besamos los pliegues de su bandera. De allí salimos, en fin, con una tremenda vergüenza y una ira que no podía perdonar ni olvidar a los culpables de aquel desastre nacional y también a gran parte del pueblo español que nos abandonó a nuestra suerte, sin una palabra de aliento, sin el menor gesto de solidaridad. Triste destino de una generación dedicada a abandonar o destruir los que otros conquistaron o construyeron para grandeza de su nación.

«Cuando el irredentismo marroquí se hizo hostil y las presiones de la ONU llamaron a la puerta, el pueblo saharaui no estaba preparado para acceder a la independencia, al menos del modo que pretendían los radicales del Frente Polisario, por la salida inmediata de los españoles, sin pensar que quedaban expuestos a las apetencias de unos vecinos codiciosos, Marruecos y Mauritania, dispuestos a repartirse el territorio y Argelia que soñaba con una salida al Atlántico. Comprendo las dificultades que existían para formar políticamente a una población que, desde su asentamiento en la fachada oceánica como pescadores, 1.200 años a.C., sólo conocían el sistema tribal, pero yo viví los últimos años de nuestra permanencia en el Sáhara y detecté en el aparato administrativo de aquel territorio cierta resistencia a vencer la inercia de medio siglo de vida colonial. Se puede decir que todo empezó el 17 de julio de 1970, con el incidente en el Aaiún, cuando una concentración de jóvenes saharauis se le fue de las manos a la Policía Territorial, desembocando en algarada que se disolvió con contundencia, exagerada a mi juicio, con el resultado de tres muertos, una veintena de heridos y numerosos detenidos, entre estos su líder El Bassiri, cuya desaparición no explicada se convirtió en un símbolo que dio lugar a engrosar las filas del naciente Polisario.

El último español abandonó el Sáhara el 26 de febrero de 1976, y el día uno de marzo se instalaba la administración marroquí en El Aaiún. El 27 de noviembre de ese mismo año «en cumplimiento de órdenes superiores, la Bandera, integrada en el Grupo Táctico Chacal realiza un repliegue táctico con protección aérea desde Smara a El Aaiún, finalizando así la presencia española en aquella plaza. El 3 de diciembre embarcaban en el transbordador "Isla de Formentera" con destino a Fuerteventura donde llegaron a las 8:00 horas del día 4 y procediendo seguidamente al desembarco en el muelle de Puerto del Rosario»

SEPARACIÓN FAMILIAR

En los momentos más intensos del conflicto del Sáhara, la situación se hace insoportable, los colegios cierran, los cursos quedan a medias, el peligro para los niños era demasiado arriesgado y esa fue la solución más sensata, porque, además, parte del profesorado marcharon a las Islas Canarias o a la península. Había que tomar una decisión, alejarlos del peligro porque, aunque se quedaban en casa al cuidado de un asistente y su mujer que me cuidada la casa mientras estábamos en el trabajo, era demasiado peligroso.

De nuevo la decisión fue separarnos la familia, ellos a Las Palmas con nuestros amigos en el apartamento y yo sola en El Aaiún. No se pueden describir esos momentos porque tal como estaban las cosas, la situación era insostenible. Recuerdo las balas golpear las paredes, los tres mayores en una habitación totalmente cerrada y los dos pequeños entre su padre y yo queriendo protegerlos. Por la mañana las huellas habían quedado grabadas en las paredes.

HELICÓPTERO MILITAR

En un helicóptero militar semejante al que se muestra en la ilustración y mi marido con un permiso especial y uniforme reglamentario, ascendían en aquel cielo totalmente despejado y luminoso. Yo quería hacerme la fuerte, misión imposible, pero no había otro remedio. Ellos, los cinco, lloraban mientras el helicóptero se iba alejando, sus labios decían "¡mamá, mamá...!"

Vi cómo se alejaban hasta perderlos de vista y puse rumbo a la ciudad. Las lágrimas me ahogaban y solo en mis oídos la palabra triste y mojada ¡mamá...! Aún hoy, la más pequeña de mis hijas lo recuerda nítidamente "cómo te quedabas cada vez más pequeñita, más lejana".

Nos comunicábamos por carta, no había teléfono, "sólo serán unos días", pero fueron meses, desesperada por la ausencia, algunos fines de semana volaba a Las Palmas, alquilaba un coche y me iba a verlos al Sur. Los días no tenían horas, solo minutos o segundos. La bajada ante el aeropuerto se agrandaba ante mis ojos ahogados por el llanto y mi garganta estaba rígida. Paré un momento y apreté el volante con todas las fuerzas que pude con mis manos y grité hasta quedarme ronca. Después, seguí adelante.

Durante ese tiempo seguí en mi puesto de trabajo realizando toda clase de labores. Como ya he comentado en otro capítulo, la plantilla se había reducido a la mínima expresión y los que quedamos teníamos que sacar el trabajo adelante. La radio no se puede callar, todo lo contrario, era casi el único medio de comunicación con el exterior. Cada mañana no era un nuevo día, era un día más de una situación a veces insostenible por la desazón del qué ocurrirá más tarde.

El tiempo pasaba, los acontecimientos también lo que ocasionaba una inquietud psicológica que costaba controlar. A veces me preguntaba ¿qué hacer? Seguir, seguir, seguir, hasta que Dios quiera y nos aclare el camino.

La casa con todos sus enseres quedaría atrás, las autoridades tenían muy claro que lo único importante eran las personas y los aviones disponibles no tenían capacidad para trasladar tantas cosas que quedaron allí. El intento de trasladarlos en barcos fui muy deprimente, llegaron en malas condiciones y la mayor parte de ellos no podían ser utilizados. Eran sólo cosas, habíamos salvado la vida.

No se trata de volver al pasado, es desarrollar con los recuerdos todos los momentos gratos y no tan gratos de nuestra estancia allí, en esa tierra que siempre he dicho que nos acogió con afecto, familiaridad y confianza, la misma que nosotros, los españoles, les ofrecíamos a ellos. Otra cosa es la situación política en la que intervinieron otros países con el deseo de participar en una descolonización de los pueblos.

El gobernador general del Sáhara, Gómez de Salazar visitó Las Palmas y Tenerife porque la unión de las dos provincias era evidente por su cercanía con tantas familias que se trasladaron de todas las clases sociales, como comerciantes, trabajadores, la pesca y los fosfatos, la mayor riqueza habida en cualquier país y que posiblemente fue la atracción de muchos de ellos.

«Los españoles no tenemos que culparnos de nada con respecto al Sáhara y podemos ir con la cabeza bien alta por la labor desarrollada en el territorio, que se ha desarrollado de una manera tremenda, sobre todo en los últimos diez años. Nadie tiene razón para sentir rencor hacia los españoles. Hemos trabajado mucho allí con cariño, interés y desprendimiento y ellos no lo van a olvidar»

En el transcurso de la reunión informativa declaró también que «la autodeterminación se pospuso porque se recurrió al Tribunal internacional de La Haya»

A la pregunta: al convertirse Canarias en zona fronteriza ¿no cree usted que Marruecos tendría apetencia por las Islas? el General Gómez de Salazar contestó: "Las Canarias son provincias españolas de mucha categoría, queridísima por todos los españoles y para el Sáhara tienen una gran importancia.»

Poco tiempo después de estas declaraciones, Rafael Arteaga Padrón, procurador y secretario de las Cortes Españolas hizo unas declaraciones a Cifra refiriéndose a las repercusiones que se avecinaban ante la situación del Sáhara. "No sabemos a ciencia cierta en que quedará el tema, pero la región canaria ha de sentir muy de cerca su influencia no sólo en los aspectos fronterizos, que ya son importantes, sino en las relaciones comerciales e industriales, que revierten, como se sabe, regular relieve." "Sobre todo, el perjuicio que ha de suponer el retorno de las familias canarias allí residentes, que, unido al problema de paro ya existente, creará en conjunto una grave situación, donde hay que incluir también la falta de viviendas para acomodarlas. Esto, a mi modo de ver, es el tema principal de esta coyuntura y nos consta que el Gobierno está realizando un estudio exhaustivo orientado a que esta incidencia sea para Canarias lo más tenue posible."

¿Qué pasó con los muchos canarios, comerciantes, trabajadores, pescadores, funcionarios, que vivían en el Sáhara? Se podrían contar por centenares las anécdotas y situaciones que se dieron, no sólo con canarios sino con todas las otras personas procedentes de muchas provincias peninsulares y de algunos otros países (pocos, es cierto). Les voy a mencionar alguna de ellas, como la que solía contar el propietario de una de las joyerías más prestigiosas de la zona. Cuando vio venir el panorama que se avecinaba, decidió alquilar una avioneta para trasladar la mayor parte de las joyas, relojes y piezas de valor que formaba sus existencias en la joyería. El trayecto entre Cabo Juby, Villa Bens o Tarfaya y la Isla de Fuerteventura era muy corto, apenas un centenar de kilómetros, y lo repitió varias veces para poner a salvo su patrimonio. No hace falta aclarar que en una pequeña avioneta no se podían llevar grandes cargamentos; el resto se quedó en el camino.

NUEVO DESTINO, NUEVA VIDA

Al salir del Sáhara nos dieron la oportunidad de elegir destino. Yo ya había estado en Tenerife en comisión de servicio y me enamoré de esta tierra. Lógicamente mi marido eligió Farmacia Militar y yo Radio Nacional de España.

Un cambio brusco de trabajo y ambiente, como suele ser, supongo, todos los cambios. Algunos compañeros no eran desconocidos para mí y me adapté rápidamente a la nueva etapa de mi vida laboral. Como suele ocurrir, al principio me encontraba algo perdida, porque el cambio de una radio donde había que crear cada día nuestro trabajo, los programas y las instalaciones con escasos medio, a otro totalmente distinto, operó dentro de mis ideas y posibilidades. La radio ha sido y aún lo sigue siendo una de mis mayores pasiones.

Durante este tiempo tuve la bonita oportunidad de elaborar diariamente un programa en Radio Exterior de España llamado "Amigos", donde las cartas, las palabras amables y hasta un libro de poemas de una señora chilena, libro que conservo, me daban pie para sentirme, no halagada, pero si emocionada cuando leía sus mensajes y yo enviaba los míos, era como sentirla a través del cristal que separaba el locutorio de la mesa de control. Me pedían su música favorita, que ayudaba a encontrar mi realizador, un gran amigo y compañero. Mi relación con Chile era muy estrecha porque casi todos los días me llegaban cartas de la mayoría de los países de centro y Suramérica, además de Noruega y otras zonas europeas. Era un programa que se emitía diariamente por onda corta en las frecuencias habituales.

EN RADIO NACIONAL DE ESPAÑA-CANARIAS

Otro programa que no olvidaré jamás y que dejó una profunda huella en mí, se llamaba y aún se llama "españoles en la mar" con un inolvidable compañero de faena (Fabri Díaz) en conexión simultánea con el Centro Emisor de La Coruña. En el momento de escribir esta crónica, se emite diariamente para los profesionales y amantes de la mar en Radio 5 presentado por José Luis Pérez Manzano y dedicado a la pesca, los recursos marinos, la navegación, la investigación oceanográfica, la historia naval, la marina mercante y la náutica deportiva.

Como en todos los temas laborales, ocurren hechos buenos y menos buenos, pero el amor al trabajo bien hecho y la relación con personas que, sin conocerlas, llegan al corazón y nunca se olvidan, eran mis queridos oyentes.

OTRAS HISTORIAS

El Sahara español fue una provincia española en África entre 1958 y 1976. Surgió de la unión en 1958 de los territorios de Saguía el-Hamra y Río de Oro por la agrupación de territorios del África Occidental Española y dejaría de existir en 1976. Después de la Marcha Verde de Marruecos sobre el territorio y el Acuerdo Tripartito de Madrid, España interrumpió su proceso de descolonización y abandonó el territorio sin traspasar su soberanía sobre el mismo ni su condición de potencia administradora. Desde ese momento, el llamado Sahara Occidental es disputado por Marruecos, que lo ocupa, y la autoproclamada República Árabe Saharaui Democrática.

La creciente desertización del desierto del Sáhara, anterior a la introducción del camello (principios del primer milenio), causó el práctico aislamiento de la región. La introducción del dromedario, hacia el siglo III d. C., supuso una revolución en la ganadería y en las comunicaciones a través del desierto, de modo que el territorio del actual Sáhara Occidental se convirtió en parte de una de las principales rutas de comercio del mundo, transportando sal y oro entre el norte de África y África occidental.

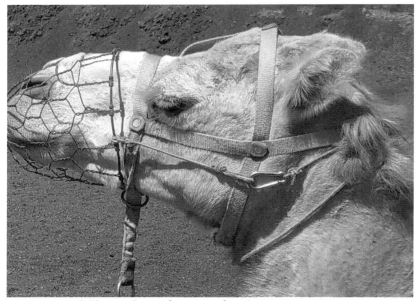

Mi amiga dromedaria

El islam llegó a la zona en el siglo VIII y tuvo un éxito inmediato. La lejanía del califato facilitó la independencia de la región. Los almorávides, un grupo de estrictos intérpretes del Corán, surgidos en esta región, controlaron

(1053-1147) el norte de África e incluso al-Ándalus, al otro lado del estrecho de Gibraltar.

Hasta entonces la población, aunque musulmana, seguía siendo bereber; pero a comienzos del siglo XIII los árabes maqil emigraron de Libia hacia el Oeste, y el sultán meriní Abu Yúsuf los rechazó al sur del rio Draa por lo que ocuparon el Sáhara Occidental y Mauritania dando origen a las tribus hasaníes que se impusieron sobre los bereberes sanhaya en el siglo XIV, y con ellos su dialecto árabe, el hassanía.

Las conquistas francesas en Mauritania empujaron hacia la Saguía el Hamra y el Draa a los seguidores del dirigente musulmán Ma el Ainin (1838-1910), que en 1898-1902 fundó una ciudad en la actual Smara como centro

AL-HIBA

para el comercio y el estudio religioso. Además de enfrentarse a los franceses en el sur, intervino en los asuntos de Marruecos, alterado a consecuencia del Tratado de Algeciras de 1906, siendo expulsado por los franceses en 1910. Su hijo y sucesor, Ahmed al-Hiba, fue atacado por una columna francesa de Mauritania que destruyó parcialmente Smara en 1912. Al-Hiba se proclamó sultán (conocido como el Sultán Azul) y tras el tratado franco-marroquí de 1912, que tenía cláusulas contra él, entró en Marrakech, pero en 1913-1919 fue expulsado por los franceses y murió.

La región situada entre el cabo Bojador y el cabo Blanco fue reclamada por España en 1884, durante la conferencia de Berlín (establecimiento de una factoría en la península de Dajla y dependencias en la bahía de Cintra y en Cabo

Blanco a finales de 1884 por Emilio Bonelli). En 1885, comenzó la construcción de Villa Cisneros y el establecimiento de factorías en Río de Oro y Cabo Blanco. Los españoles siguieron su avance hacia el interior y el norte del cabo Bojador. Ante las fricciones con Francia, una serie de acuerdos en 1900 (Tratado de París), 1904 y 1920 delimitaron las áreas de influencia de ambos países, fijándose el límite norte del Sáhara Occidental en el paralelo 27° 40' N. España dividió su posesión en dos distritos administrativos independientes, Río de Oro al sur y Saguía el Hamra al norte, que se unieron el año 1958 para formar la provincia española del Sáhara Español.

Tras su independencia de Francia, Marruecos reclamó el territorio del Sáhara Occidental como parte de su "Gran Marruecos".

En 1967, la ONU recomendó la descolonización del territorio en tanto que poco después, Mauritania también se sumó a las reclamaciones territoriales marroquíes.

Entre tanto, comienza la agitación nacionalista en el Sáhara Occidental. En 1968 se crea la Organización Avanzada para la Liberación de Saguía el Hamra y Río de Oro bajo el liderazgo de Sidi Brahim Bassiri. La represión de un brote nacionalista en El Aaiún, el 17 de junio de 1970 concluye con algunos muertos, decenas de heridos y cientos de detenidos. Basiri es arrestado y nunca se volvió a saber de él. La hipótesis más extendida es que una patrulla del ejército español lo sacó de la cárcel para asesinarlo y después enterrarlo en el interior del territorio. Poco después, el 10 de mayo de 1973, se crea el Frente Polisario (Frente Popular para la Liberación de Saguía el Hamra y Río de Oro), que comienza la lucha armada contra España. Su primera acción tiene lugar el 20 de mayo de ese año con 17 combatientes que tan solo contaban con cinco armas. Los choques armados se sucederían durante los siguientes meses.

En 1974, España anuncia sus planes para conceder mayor autonomía a los saharauis y para celebrar un referéndum durante la primavera de 1975. Marruecos se opuso al proyecto español, en tanto que la ONU forzó a España a suspender el referéndum y a acudir al Tribunal Internacional de Justicia de La Haya, que dictaminó en favor de la autodeterminación. El rey Hassán II de Marruecos, no conforme, organizó la llamada marcha verde (16 de octubre de 1975). Mientras tanto, la administración española organiza la Operación Golondrina para evacuar a los españoles del territorio. Se llevarían hasta los cadáveres de los cementerios. El 2 de noviembre de 1975, el Príncipe de España, Juan Carlos, entonces jefe de Estado en funciones, visita a las tropas españolas desplegadas en el Sáhara Español, asegurándoles todo el apoyo del gobierno en su defensa del territorio y del pueblo saharaui. Cuatro días más tarde, el 6 de noviembre de 1975, unos 300.000 marroquíes desarmados concentrados en la ciudad marroquí de Tarfaya, cerca de la frontera, se internan en el Sáhara Occidental. Poco antes (31 de octubre), tropas marroquíes habían cruzado la frontera nordeste del Sáhara Occidental y enfrentado a tropas del Frente Polisario.

En este clima de tensión, agravado por la agonía de Franco en España, Marruecos,

Mauritania y España (representada por el entonces príncipe Juan Carlos), firman en Madrid (14 de noviembre de 1975) un acuerdo por el que España se comprometía a poner fin a su presencia en el Sáhara el 28 de febrero de 1976 y a compartir hasta entonces la administración del territorio del Sáhara Occidental con Mauritania y Marruecos. Este acuerdo contó con la oposición frontal de Argelia y del Frente Polisario. Ante la presión de la Marcha Verde, las guarniciones españolas se habían retirado a El Aaiún, Smara y Villa Cisneros. Tropas mauritanas y marroquíes empiezan a ocupar las ciudades del Sáhara Occidental (Smara, 27 de noviembre; El Aaiún, 11 de diciembre; La Güera, 20 de diciembre; Villa Cisneros, 9 de enero). Los saharauis empiezan a abandonar las ciudades (noviembre 1975-febrero 1976) para instalarse en el desierto. Tras los bombardeos marroquíes de los campos, finalmente terminarían en campos de refugiados en Argelia.

El 26 de febrero de 1976, los últimos soldados españoles abandonaban el Sáhara Occidental. Aquella misma noche, cuando las tropas marroquíes ya habían entrado en el territorio, el Frente Polisario proclamaba la constitución de la República Árabe Saharaui Democrática (RASD). El 14 de abril, Mauritania y Marruecos firmaban un acuerdo en Rabat por el que se repartían el país: los dos tercios más al norte para Marruecos y el tercio restante para Mauritania.

En el Sáhara convivíamos unos cuarenta mil españoles, de los que más de la mitad eran militares, compartiendo con ellos las arenas el desierto, cabe destacar que dentro de ese número de habitantes éramos familias completas. Allí la vida transcurría con tranquilidad, amistad, concordia y nuestros hijos en un principio algo reacios, tanto ellos como los saharauis, a esa cercanía franca de la amistad. Al poco tiempo todo cambió, nacieron amistades para toda la vida y que aún sigue después de la triste separación, una separación que ellos por ser jóvenes y posiblemente por entender más que nadie lo que es un amigo, fue doloroso porque no llegaban a entender todavía lo que estaba pasando.

Tanto es así que incluso el compartir colegio, juegos, enfados que acababan como todos los enfados entre los niños y no tan niños. De hecho, mi hijo mayor tuvo durante el tiempo que estuvimos allí ese amigo inseparable y que a veces yo los observaba discutir muy seriamente y cuando me preparaba para intervenir oía la voz de ese amigo decir "bueno, vale, esta es mi casa, ¿entras y te tomas un té?, o a mi hijo decir "venga, pasa que mi madre tiene chocolate hecho". Mi corazón saltaba ante estos pequeños detalles que destaco y donde me di cuenta lo que realmente es la amistad sincera, en la que puedes opinar, enfadarte y a veces con fuertes palabras, pero que al final los sinceros sentimientos salen a flote. Es un simple ejemplo recogido de niños y adolescentes y cómo se arreglan las cosas de una manera sencilla si los sentimientos son puros y sinceros. Mucho habría que aprender de esas pequeñas cosas, para mí grandes.

No olvidaré nunca las lágrimas que derramé cuando salimos de aquellas tierras, de los amigos que dejábamos atrás y las esposas de los militares y compañeros de trabajo de mayor o menor grado o categoría, éramos todas iguales y nuestras vidas transcurrían cada cual en sus obligaciones y deberes sin mirar los galones o las estrellas. Todas éramos una. Aún hoy y sobre estas líneas posiblemente y con los recuerdos a flor de piel, se me escape alguna de esas lágrimas. Algunos dirán que siendo españolas sintiera marchar a mi tierra desde otra extraña y lejana, pero quiero que entiendan que nuestro equipaje iba cargado de recuerdos cálidos de aquellos amigos, de aquellas situaciones, de aquella unión. Al final las huellas que han dejado los años vividos en el Sáhara son entrañables. Alguien dijo "lo mejor es el sentido de la libertad que te da el desierto a pesar de la carencia de tantas cosas, o quizás gracias a ello".

EL PAPA FRANCISCO RECIBE A NIÑOS SAHARAUIS

El papa Francisco recibió el 8 de agosto de 2018, en un acto en la Ciudad del Vaticano, a una veintena de niños saharauis que pasan su estancia en Italia dentro del programa Vacaciones en paz. Los pequeños embajadores de paz, vestidos con la ropa tradicional saharaui y portando banderas de la República Árabe Saharaui Democrática (RASD), entraron a la sede del Vaticano junto a miles de personas de todas partes del mundo y representantes de diferentes religiones y culturas que fueron al Vaticano para asistir a una recepción del Papa.

Francisco dio la bienvenida a los pequeños "embajadores saharauis de paz" en medio de grandes aplausos y ovaciones como gesto hacia los niños saharauis por su presencia en este acto religioso en donde el Papa aprovechó para lanzar un llamamiento a todos los presentes y a través de ellos a todos sus países para que puedan vivir en paz y justicia todos los niños del mundo.

EL PAPA FRANCISCO CON LOS NIÑOS

GUERREROS DEL FRENTE POLISARIO

Las guerrillas del Polisario, con base en Argelia, lanzaron, entre 1976 y 1978, continuos ataques contra las tropas marroquíes y mauritanas en el Sáhara Occidental (llegan incluso a atacar la capital de Mauritania). Consecuencia de esta guerra de desgaste, Mauritania renunció a sus pretensiones territoriales en el Sáhara y en 1979, firmó la paz con el Frente Polisario (Acuerdo de Argel). Sin embargo, su lugar es ocupado por Marruecos, que proclama su soberanía sobre la totalidad del territorio del Sáhara Occidental.

Es después del abandono de Mauritania cuando la RASD consigue su mayor reconocimiento internacional. Admitida formalmente en la Organización para la Unidad Africana (OUA) en 1982, consigue estatus de pleno derecho en 1984 (lo que origina el abandono de ésta por parte de Marruecos). En 1985, ya había sido reconocida oficialmente por 61 países. Ese año, las Naciones Unidas instan a una negociación entre las partes y a la celebración de un referéndum en el Sáhara Occidental con la retirada previa de las tropas marroquíes. Sin embargo, sobre el terreno, las operaciones militares empiezan a torcerse para el Frente Polisario, con la construcción por Marruecos de una línea defensiva en pleno desierto. En agosto de 1980, Marruecos comienza la construcción del muro, el cual divide el territorio del Sáhara Occidental de norte a sur. Terminado en abril de 1987, mide 2.720 kilómetros, protegiendo los yacimientos de fosfatos de Bucraa, El Aaiún y Smara, hecho de arena de al menos 2 metros de alto, está rodeado de campos minados posee fortalezas cada 5 km y está resguardado por más de 100.000 soldados.

Finalmente, en agosto de 1988, Marruecos y el Frente Polisario dan su visto bueno a un plan de paz elaborado por la ONU y la OUA, que planean el alto el fuego y el control del territorio del Sáhara por una misión de las Naciones Unidas, la cual prepararía la celebración de un referéndum sobre el futuro del territorio.

Las conversaciones comienzan en 1989, pero pronto surgen las dificultades, especialmente debido a discrepancias sobre el censo que debía usarse en la consulta. El Frente Polisario sostiene que la base del censo debería ser el censo español de 1974, en tanto que Marruecos sostiene que el referéndum debe contemplar a los actuales pobladores del territorio. De esta forma, el referéndum se fue aplazando. El 29 de abril de 1991, el Consejo de Seguridad de las Naciones Unidas, en su resolución 690, decidió establecer la misión para el referéndum (MINURSO, Misión de Naciones Unidas para el Referéndum en el Sáhara Occidental), que se despliega en el territorio ese mismo año, cuyo objetivo es, además de preparar la consulta, supervisar el alto el fuego. Aunque la consulta está prevista para 1992, ésta no se produce debido a las discrepancias sobre el censo. La década de los noventa transcurre entre intentos de elaborar un censo para el referéndum y continuas discrepancias entre ambas partes. Mientras, Hassan II de Marruecos decreta la división del Sáhara Occidental en provincias, equivalentes a las marroquíes. En 1999, se publica el primer censo electoral (con más de

86.000 votantes). Sin embargo, la situación sigue estancada.

En enero de 2000 se completó el nuevo censo, pero de nuevo los desacuerdos entre Marruecos y el Frente Polisario impiden la celebración del referéndum. Ese año, Marruecos expresa su intención de negociar con el Frente Polisario la concesión de cierta autonomía al Sáhara Occidental, pero cerrando la puerta a cualquier referéndum. En enero de 2003, el enviado especial de la ONU, el antiguo secretario de estado estadounidense, James Baker, se entrevistó con representantes de ambas partes proponiéndoles un programa (Plan Baker II) que incluía una amplia autonomía del Sáhara Occidental dentro de Marruecos como fase previa a la celebración de un referéndum sobre el estatus final del territorio en un plazo de cuatro años. Tanto Marruecos como el Polisario rechazaron la propuesta en marzo. No obstante, el Frente Polisario cambió de opinión en julio, aceptando el plan. No así Marruecos, que seguía manteniendo la marroquinidad del Sáhara y su rechazo a la opción de la independencia. Para favorecer su aceptación, se aceptó incluir la posibilidad de una amplia autonomía dentro de las opciones del referéndum. El mandato de la MINURSO se prolongó (en la resolución 1570 de 28 de octubre de 2004, el Consejo de Seguridad extendió el mandato de MINURSO hasta el 30 de abril de 2005), pero hasta el momento no se ha llegado a ninguna solución ni, por descontado, a la celebración de ninguna consulta. Mientras tanto, los refugiados saharauis siguen en el desierto argelino, fundamentalmente en los Campos de refugiados de la provincia de Tinduf.

El presidente de la ONU, Kofi Annan, llegó a decir a finales de su mandato que el conflicto del Sáhara tenía una muy difícil solución. Los estados miembros de la ONU no han sido capaces hasta el momento de hacer cumplir las resoluciones de la ONU. El referéndum parece atrasarse sine die.

En 2005, los principales núcleos urbanos del Sáhara Occidental se convirtieron en el escenario de graves protestas en contra de la ocupación marroquí. El 25 de mayo de 2005, la policía marroquí disolvió la manifestación pacífica en apoyo de la independencia y al Frente Polisario. En noviembre de 2010 la policía marroquí disolvió un campamento de protesta en las afueras de El Aaiún, comenzando después una serie de protestas de la población saharaui en la propia ciudad, con la posterior intervención de las autoridades marroquíes.

El 28 de febrero de 2015, 39 años después del abandono de España del territorio, el Frente Polisario hace público un ultimátum para abril en el que Christopher Ross, el enviado especial actual del Secretario General de la ONU para la MINURSO, debe presentar al Consejo de Seguridad un informe sobre la situación del Sáhara Occidental. En caso de no cumplirse dicho plazo, el Frente Polisario se reserva el derecho de utilizar todos los medios que considere oportunos para defender sus derechos y aquí, está claro, cabe la posibilidad de retomar las armas.

DEUDA

Son muchísimos los artículos, libros y reportajes que se han escrito sobre el Sáhara Español. Considerando que todos tenemos derecho a expresar nuestras opiniones o sentimientos, incorporo aquí una crónica de la conocida periodista y escritora Rosa Montero que escribió en Sáhara Independencia y Libertad en octubre de 1991 "Hay madres traicioneras y desnaturalizadas"

«Tan convencidos estaban en 1975 los saharauis de que España les iba a dar de manera inminente la independencia (había habido conversaciones, contactos, acuerdos oficiosos), que El Uali, el famoso líder que más tarde moriría en combate dijo en agosto de aquel año:

"España es ahora nuestra madre. Nadie de entre los saharauis debe robarle ni un saco de carbón" Tres meses más tarde se firmaba en Madrid el acuerdo tripartito por el cual España dividió despiadadamente el Sáhara y lo entregó, en dos pedazos, a Mauritania y a Marruecos. Hay madres traicioneras y desnaturalizadas. Con esto quiero decir que España tiene, respecto a los saharauis, un compromiso doble. Está, por un lado, nuestra responsabilidad por la colonia: casi un siglo de ocupación y explotación. Pero si el colonialismo es injusto y perverso por principio, ha sido aún peor el modo en que nos hemos ido. "Nos vendieron como ovejas" me decían en Tinduf, en los campamentos de refugiados saharauis, hace un par de años. Les vendimos, les abandonamos, les condenamos a la extinción, les olvidamos. Sin embargo, no ha muerto, no se han acabado, por mucho que Marruecos les masacre y bombardee con armas españolas. Ahí están, aferrados a la tierra imposible del desierto, sobreviviendo y desarrollándose pese a todo. En el desierto y la miseria, bajo las bombas, han sido capaces de alfabetizar y escolarizar al cien por cien a su pueblo. Algo que no hicieron los españoles durante la colonia. Son muy resistentes. A decir verdad, son un milagro, pero hasta los milagros necesitan una pequeña ayuda de vez en cuando. Ahora es el momento: la ONU está de acuerdo, el mundo está mirando; España tiene la obligación moral de denunciar las tropelías de Marruecos y de apoyar el referéndum para intentar saldar, siquiera en parte, su bochornosa deuda con el Sáhara. Rosa Montero»

MI ÚLTIMA ESCAPADA

Amanecía, sábado, las siete de la mañana y todos dormían. Me levanté sigilosamente y con una botella de agua y un paquete de galletas cerré la puerta y me subí al coche, a mi 127 de un color indefinido que, en ese momento más, se mezclaba con el gris de la arena y la humedad de la noche. Las farolas seguían encendidas y su mortecina luz se reflejaba como una danza fantástica. La iglesia aún estaba cerrada hasta las diez de la mañana. Tendría tiempo.

Al salir de la ciudad se abrió ante mí la carretera sin un infinito, el polvo de la arena me cerraba el camino, la claridad del perezoso amanecer del desierto. Encendí los faros.

Estaba advertida del peligro de conducir en esas condiciones y de tener algún encuentro que una vez más pusiera mi vida en peligro, pero yo necesitaba, aunque fuese la última vez, vivir esas inclemencias de las dunas, de ese amanecer que ya iba despertando para dar calor y belleza a la fría arena de la noche, tenía necesidad del mar y ver subir la marea. Posiblemente ya estaría el grupo de mujeres saharauis disfrutando con sus risas y juegos al abrigo de la gran duna que, como una inmensa cortina, las cubría. Yo llevaba mi túnica en el asiento de atrás y me uniría a ellas en sus juegos, si me lo permitían.

Pero antes quería ver a Ahmed, mi viejo amigo pescador, guardián de las barcas, ver sus ojos enrojecidos de arena pero que reflejaban el verdor de un mar con la marea baja. Necesitaba notar el tacto de sus manos, que viera como él decía las estrellas de mis ojos y yo en los suyos la bondad y sabiduría del mundo.

Pensé en mi familia que aún dormiría, las noches se hacían largas, muy largas, con ruidos lejanos de disparos y gritos alocados. También a lo lejos las explosiones de esas bombas que enterraban en la arena y estallaban al paso de los Land Rover que les impedían avanzar. Vi a las mujeres a lo lejos ¡estaban allí, radiantes y hermosas bajo el sol que ya iba apareciendo!

Conocían mi coche y se quedaron paradas, no era nuestro primer encuentro me recibieron con sus gritos, esos que nunca logré aprender y por más que ponía mi lengua en el paladar y mi mano en la boca, no lo conseguía. Era como una música ronca y mística a la vez

- ¡Salam, Salam, Salam!

- ¡Salam, amigas!

Con regocijo y risas me miraban el pantalón y la blusa que llevaba puestas y señalaban sus túnicas de mil colores. Fui al coche con rapidez, me cambié y me puse la mía.

De nuevo al verme gritaron con alegría y nos fuimos a la orilla. El agua estaba helada y mis pies no querían avanzar, ellas tampoco, pero con las manos nos echábamos agua unas a otras entre cánticos y aplausos.

Ruido de coches, nos escondimos tras la duna donde había dejado escondido el mío. Todas callamos, pasaron tres o cuatro, eran tuaregs, los hombres azules dueños y señores del desierto que jamás nos hubieran perdonado estar desnudas prácticamente en medio del desierto.

Pensé en esos momentos de silencio solo roto por los graznidos de dos cuervos, que ya era hora de volver con mi familia, con tristeza porque sabían que era mi despedida "Salam" como un murmullo me alargaban sus manos curtidas y morenas. Me ayudaron a quitarme la túnica y me vestí con rapidez, el sol ya estaba más alto y aceleré cuanto pude por la arena resbaladiza de la carretera. Mis lágrimas sabían a sal cuando llegaban a mis labios.

La ciudad ya despertaba y las farolas apagadas. Las diez de la mañana. Toda la casa estaba revuelta con cajas llenas de ropas, enseres, medicamentos, libros, juguetes, también tenía que empaquetar cuatro años de mi vida. Y mujeres y niños habían sido evacuados y nosotros estábamos a punto de hacerlo

- ¿Por qué nos vamos mamá? – Fue la pregunta de Miguel, mi hijo más pequeño, cuatro años y que con seis meses abrió sus ojos a la realidad de una vida en el desierto. No sabía explicarle que nos echaban de esa tierra amada donde todos fuimos felices, donde la amistad era como un lazo que nos unía a un mundo diferente.
- Nos vamos cariño, porque los hombres malos nos echan, porque son sus tierras y no nos quieren. Pero nos vamos a otro bello lugar, a una isla, y lo abracé fuertemente.
- ¿Qué es una isla mamá?
- Verás, un pedazo grande en medio del mar, de gente buena, casas bonitas, árboles, pájaros y también con mucha mar y montañas ¡por todas partes!
- ¿Cómo se llama?
- Tenerife.

Mis otros cuatro hijos ya habían despertado, no advertí que estaban escuchando y descubrí en todos los ojos una gran tristeza, no sólo yo amaba el desierto, ellos también.

EL ADIÓS DEFINITIVO.

La puerta estaba abierta por que las cajas ya no cabían dentro de la entrada, yo daba una mirada a lo que dejábamos allí ¡tantas cosas! En la puerta abierta se perfiló una sombra y algo alterada me volví rápidamente ¡mi viejo amigo pescador! El corazón me palpitaba alocado de alegría y a la vez de tristeza. Venía acompañado de dos jóvenes saharauis que ya había visto trabajando con las barcas. Uno de ellos me dijo tímidamente.

- Quería verte y bendecirte y lo hemos traído en los carros del pescado. No tenemos mucho tiempo.

Ahmed tenía mis manos cogidas entre las suyas y me miraba fijamente a los ojos, puso su mano en el corazón y yo en el mío.

- Nos vamos Ahmed, nos echan ¿por qué?
- No te aflijas, tu vida será larga para dar amor a mucha gente, pero sufrirás también, tú eres valiente.

No entendía lo que me decía y uno de los muchachos traducía sus palabras.

- Gracias mi querido Ahmed, quisiera quedarme para siempre.
- No, este no es tu lugar, tienes que hacer grandes cosas en su larga vida.
- ¿Cuáles?
- El cielo y las estrellas te guiarán.

   No pude más, lo abracé, olía a pescado fresco, a arena y mar.

- Toma, llévala siempre contigo, siempre.

   Era una rosa del desierto, un fósil perfecto reluciente y húmedo de mar. Tomó mi cara entre sus manos ásperas y murmuró.

- Maktub.
- ¿Qué quieres decir? - Él me contestó:
- Estaba escrito, el destino es quien fija y marca todas las cosas de nuestra vida, nuestras almas y el Plan Divino. Apretó mis manos por última vez y caminó hacia la puerta.

ANEXOS Y BIOGRAFÍAS

LUIS RODRÍGUEZ DE VIGURI Y GIL

RODRÍGUEZ VIGURI EN EL LIBRO DE DALMASES

El coronel de Ingenieros del Estado Mayor del Ejército español y secretario del antiguo gobierno español en el Sáhara, nació en Tetuán el 15 de abril de 1913 y falleció en Madrid el 22 de diciembre de 2004 a los 91 años.

Fue el último secretario general de España en el Gobierno del Sáhara entre 1974 y 1976. Era especialista en ferrocarriles, licenciado en Derecho y en Filosofía y Letras. Creó el primer diario de la historia del Sáhara, «La Realidad», que se editaba en español y hassanía, dirigido por Pablo-Ignacio Dalmases y transformó la radio incorporando a ella una programación mayoritariamente emitido en la lengua local. También creo una comisión de estudios históricos cuya labor fue fundamental para documentar la postura española ante el Tribunal Internacional de Justicia de La Haya.

Entre otras muchas condecoraciones civiles y militares era Gran Oficial de la Orden África.

Luis Rodríguez de Viguri: "Me engañaron entregando el Sáhara a Marruecos". "Yo fui al Sáhara en 1974 con el mandato expreso del Gobierno español de preparar al pueblo saharaui para la independencia. Me engañaron entregándolo a Marruecos". Quien así habla es el coronel español Luis Rodríguez de Viguri, de 75 años, que fue secretario general del Gobierno del territorio del Sáhara desde junio de 1974 hasta 1976. Los acuerdos tripartitos de Madrid y la marcha verde marroquí frustraron sus gestiones para una descolonización pacífica. Pero no todos sus esfuerzos fueron en vano. El censo de la población saharaui que el coronel puso en marcha con vistas al referéndum de autodeterminación se ha convertido, 14 años después, en una de las piezas claves del plan de paz la ONU.

El Gobierno español planeaba hacia 1974 el proceso de independencia de su colonia saharaui a través de la organización de un referéndum de autodeterminación. En junio de 1974, el coronel español Luis Rodríguez de Viguri se convirtió en el máximo responsable de la política interior del territorio y de la puesta a punto de estos preparativos. La elaboración de un censo fiable de la población saharaui fue una de sus tareas prioritarias. "Desde los años cincuenta la Administración española había realizado con cierta periodicidad censos de la población saharaui", explica Rodríguez de Viguri. "Pero todos ellos, en total una decena, se habían hecho con un método muy simplista: los jefes de puesto, que eran militares españoles, preguntaban a los chej (jefes tribales) cuánta gente tenían bajo su jurisdicción; el recuento era el resultado de las sumas de estas comunicaciones verbales", continúa. Para Rodríguez de Viguri esto suponía un grave error de concepto: "El pueblo de las nubes, nombre con el que se conocía a los saharauis por su continuo nomadeo a través del desierto, que los llevaba incluso hasta Níger en busca de las lluvias y pastos para sus rebaños, prefería mantenerse alejado de la presencia de los administradores coloniales y de los centros habitados y tan sólo mantenía como nexo de comunicación con la civilización transistores de corto alcance". Por tanto, según Rodríguez de Viguri, los anteriores recuentos sólo se habían centrado en los sectores sedentarizados, que en esos años de buenos pastos y lluvias habían sido minoritarios.

El militar español se puso manos a la obra para recuperar en su recuento a los nómadas, con una inversión metodológica basada en el principio de ir en busca del dato en lugar de esperar su paso. Preparó a 50 jóvenes saharauis seleccionados entre los estudiantes de bachillerato como agentes censales. También elaboró un formulario escrito, de tipo familiar, en el que se tenían en cuenta las estructuras tradicionales saharauis. Así, por ejemplo, para que el encuestado no obviara el número de esclavos domésticos que., como es frecuente en las poblaciones musulmanas del Sahel, suelen tener a su servicio, se creó para ellos un epígrafe de "hijos adoptivos" o parientes pobres".

La fase empírica del recuento se hizo utilizando vehículos todo terreno y un helicóptero que se encargaba de hacer un estudio previo del terreno y de localizar las jaimas de los nómadas a lo largo de una superficie de 275.000 kilómetros cuadrados. Tomando como base esos datos, los equipos se distribuían los itinerarios. Cada uno de aquéllos se componía de chófer, uno o dos agentes censales y un guardia territorial, que debía vencer las reticencias de los jóvenes que comenzaban a politizarse (el Frente Polisario tenía ya un año de vida) y de los ancianos jefes de familia, temerosos de que sus informaciones sirvieran para nuevas imposiciones fiscales. "Los agentes censales iban equipados con los elementos de escritura necesarios, puesto que debían hacerse cargo de rellenarlos formularios", explica el militar español. "En una sociedad marcadamente patriarcal sólo los jefes de familia tenían autoridad para los datos que requerían los formularios, y ellos, a diferencia de los jóvenes, eran en su mayoría analfabetos", aclara. El resultado final del censo de 1974 dio un total de 74.600 saharauis. (Ana Camacho, El País. Madrid. Este artículo apareció en la edición impresa del martes 13 de septiembre de 1988)

FEDERICO GÓMEZ DE SALAZAR Y NIETO

FEDERICO GÓMEZ DE SALAZAR

El general Gómez de Salazar nació en
Toledo el 29 de septiembre de 1912. Fue un
militar español que participó en la Guerra Civil
Española en el bando sublevado. Gobernador
General del Sahara Español cuando Marruecos

promovió la Marcha Verde y presidió el Consejo Supremo de Justicia Militar que juzgó a los militares que participaron en el Golpe de Estado en España de 1981.

Ingresó en la Academia General Militar de Zaragoza en 1929, cuando estaba dirigida por el general Francisco Franco, alcanzando el empleo de alférez en 1932 y el de teniente en 1933, ascendió a capitán el 24 de marzo de 1937, estando destinado en el Grupo de Fuerzas Regulares Indígenas "Ceuta" N.º 3.

Gómez de Salazar participó en la Guerra Civil Española, en la que le fue concedida la Medalla Militar Individual por su comportamiento destinado en las Tropas Regulares. También combatió en la Segunda Guerra Mundial, en las filas de la División Azul, encuadrada en la 250 División de la Wehrmacht, con destino en el Regimiento 262.

En 1944 fue promovido al empleo de comandante, obteniendo dos años más tarde, en 1946, el diploma de Estado Mayor del Ejército y, a continuación, el de Estado Mayor de la Armada. En 1957 ascendió a teniente coronel y en 1965 a coronel.

Alcanzó el generalato en 1970, siendo promocionado a general de división en septiembre de 1973 y a teniente general en mayo de 1976.

Gómez de Salazar fue nombrado gobernador general del Sahara español en junio de 1974. Alcanzó una gran notoriedad pública cuando en noviembre de 1975 afrontó la Marcha Verde con la que el rey Hassan II invadiría el territorio, encabezando las tropas jerifianas con

350 000 civiles desarmados. Allí tendría que organizar una defensa preventiva, estimando que en caso de violencia se producirían unas 30 000 bajas, responsabilizándose a continuación de una operación de evacuación y desmilitarización de urgencia tras la firma del Acuerdo Tripartito de Madrid, proceso que concluiría en enero de 1976 después de que la presencia española se prolongara durante algo más de un siglo.

En 1976, de vuelta en España y estando agregado al Estado Mayor, Gómez de Salazar presidió el Consejo de Guerra que juzgó a los encausados por pertenecer a la clandestina Unión Militar Democrática (UMD), celebrado en el acuartelamiento de Hoyo de Manzanares (Madrid) a partir del 8 de marzo.

En enero de 1977 fue nombrado Capitán General de la I Región Militar, cargo en el que se mantuvo hasta septiembre de 1978, cuando le correspondía pasar al entonces denominado Grupo de "Destino de Arma o Cuerpo".

El 23 de septiembre de 1981 se incorporó al Tribunal constituido por el Consejo Supremo de Justicia Militar para juzgar los sucesos golpistas del 23-F (Causa 2/81), teniendo que asumir su presidencia por enfermedad del teniente general Luis Álvarez Rodríguez, que fue su titular precedente, y continuando en el mismo por un corto periodo cuando el 3 de marzo de 1982 pasó de forma reglamentaria a la situación de segunda reserva o "reserva activa". Falleció en Madrid el 24 de enero de 2006.

PABLO IGNACIO DE DALMASES Y DE OLABARRÍA (Barcelona, 1945)

PABLO DALMASES

Pablo-Ignacio de Dalmases es Doctor en Historia por la Universidad Autónoma de Barcelona, Máster universitario en Historia contemporánea y Licenciado en Ciencias de la Información. Ha trabajado como periodista durante cincuenta años y desempeñado diversos cargos directivos: director de RNE y TVE en el

Sáhara español, director del diario La Realidad de El Aaiún, jefe de los Servicios Informativos del Gobierno de Sáhara, jefe del Gabinete de Prensa de RTVE en Cataluña y jefe de Informativos de Radiocadena española en Cataluña. Se ha dedicado también a la docencia como profesor titular de cátedra en la Escuela Oficial de Publicidad, consultor de la Universitat Oberta de Catalunya y técnico superior de Educación de la Diputación Provincial de Barcelona.

Es autor de Quiero ser Ali Bey, Los últimos de África, Huracán sobre el Sáhara, La esclavitud en el Sáhara Occidental, El desierto imaginado (África Occidental española en la literatura), Sáhara español: el gran fraude (Los papeles del coronel Rodríguez de Viguri), Viajes por el Sáhara español, Viajes a Ifni, Islas sirenas y navegantes, Viajeros por el Sáhara español, Viajes por las 19 Españas, No es peligroso asomarse al exterior, El Sáhara occidental en la bibliografía española y el discurso colonial, Oficio de Carroñero, La tierra de los hombres azules, Los últimos de África y Viajes por la historia y África Occidental Española en los libros. Asimismo, editó y prologó la traducción al español realizada por el Dr. Haidar de Ver Smara y morir de Michel Vieuchange.

En 2011 fue elegido académico correspondiente de la Real Academia de Buenas Letras de Barcelona.

Lo último que, hasta la fecha de escribir estas líneas, hemos visto de él, es su intervención en Reporteros sin fronteras "2019, informe Sáhara occidental" que pueden seguir en

https://www.youtube.com/watch?v=04KiFDDv4
Fo.

Por la importancia de su contenido, me he permitido entresacar aquellas situaciones que nos explica con sus palabras claves, tanto de sus vivencias como de sus actividades como director del periódico "La Realidad" y de Radio Sáhara.

«...Entre 1970 y 1973, el Sáhara fue declarado secreto oficial, los periódicos españoles no podían publicar nada que no estuviera autorizada por la Dirección General de la Promoción del Sáhara, Organismo encargado de la función administrativa en ese territorio.»

«...Arias Navarro había decidido enviar a Gómez de Salazar y a su segundo de a bordo el coronel Rodríguez de Viguri, que, entre otras muchas virtudes, hablaba francés, inglés y árabe, con la misión de establecer las bases de lo que debería ser el proceso de autodeterminación, la preparación del referéndum y la conclusión del censo que habría de servir de base para ello»

«...hay que arabizar las emisiones de Radio Sáhara y sobre todo darles un contenido fundamentalmente político»

«...en el desierto no se podía distribuir la prensa, el único medio era la radio»

«...Viguri me dijo: "Dalmases, tenemos que montar un diario bilingüe"»

«...llegó la decisión de Hassan II de su gran herramienta: la Marcha Verde, vamos a recuperar el Sáhara»

«...en todo el Sáhara no había más que un teletipo que era del Gobierno General para comunicarse con la Presidencia del Gobierno»

«...la Agencia EFE nos empezó a facilitar las noticias que distribuían al resto del territorio nacional»

«...me jugué el tipo y lo publiqué. Al día siguiente me destituyeron»

«...me amenazaron de muerte, me metieron en la cárcel...y me obligaron a salir del territorio rumbo a Barcelona con lo puesto»

FOS BUCRAA

Manuel Alía Medina

En 1949, Manuel Alía Medina, un geólogo español, descubre en Bucraa los yacimientos de fosfatos más grandes del mundo. "El día 25 de febrero de 2012 falleció en Madrid, a la edad de 94 años, el eminente geólogo, catedrático jubilado y académico de Ciencias. Con él desapareció, por una parte, uno de los profesores míticos que crearon y desarrollaron la carrera universitaria de Ciencias Geológicas en Madrid, primero dentro de una sección de la Facultad de Ciencias y luego ya en una facultad independiente. Por otra parte, una figura histórica, de una generación de geólogos de posguerra proveniente de la antigua licenciatura en Ciencias Naturales, que trabajó en unos tiempos difíciles, dedicado a la exploración geológica y a la profundización en las nuevas especialidades que entonces surgieron, en su caso la Tectónica, y que cuenta en su haber con el importante hallazgo, en el año 1947, del rico yacimiento de fosfatos de Bucraa, en el entonces Sáhara Español, cuyo impacto económico, e incluso político, sigue de gran actualidad en nuestros días"

Fosfatos de Bucraa, S. A. fue una empresa española radicada en el Sahara Occidental. Su negocio exclusivo consistía en la explotación del yacimiento de fosfatos situado en Bucraa, cerca de El Aaiún

MINAS DE FOS BUCRAA

Los yacimientos de fosfatos de Bucraa fueron descubiertos en 1947. Se trata de yacimientos al aire libre con una calidad de fosfatos excelente. El 4 de julio de 1962 el Instituto Nacional de Industria (INI) constituye ENMINSA (Empresa Nacional Minera del Sahara), que el 22 de mayo de 1968 se convierte en Fosfatos de Bucraa, S. A. En los siguientes años se construiría la cinta transportadora de más de 100 km de largo que transportaba el fosfato hasta la costa, en tanto que El Aaiún experimentaba un auge económico y demográfico. En los años anteriores a la retirada española (1976), el trayecto de la cinta transportadora de los fosfatos y su terminal en el Atlántico se convirtieron en objetivo preferente de los guerrilleros del Frente Polisario. La firma de los Acuerdos de Madrid incluyó, en sus anexos secretos (que incluían un acuerdo-marco económico, no hecho público hasta mayo de 1977), la cesión de un 65% de la empresa a Marruecos. De acuerdo con el INI se vendió el 65% de las acciones a la Office Chérifien de Phosphates (OCP). El acuerdo entró en vigor el 1 de enero de 1976, incluyéndose un periodo de transición de unos dieciséis meses, tras los cuales, la OCP culminaría la transferencia del control de la explotación. Los técnicos y gestores españoles permanecerían en

Bucraa hasta mayo de 1977. El INI conservaba cuatro representantes en el Consejo de Administración de la compañía, compuesto por diez miembros. Entre 1979 y 1986, la actividad de la empresa estuvo interrumpida, debido a los ataques del Frente Polisario.

En 1996, el consejo de administración de la empresa aprobó una ampliación de capital. El INI (luego TENEO, y posteriormente Sociedad Estatal de Participaciones Industriales –SEPI–) no acudió a la ampliación, por lo que la participación en la sociedad pasó del 35% a un 12%.

En diciembre de 2002, la SEPI dejó de formar parte del accionariado de la compañía. En dicha fecha, la Junta General Extraordinaria de Accionistas de la compañía aprobó la reducción del capital social a cero y una ampliación posterior del mismo. La SEPI no ejercitó el derecho de suscripción preferente de la ampliación, por lo que perdió la participación que ostentaba desde 1976.

La importancia mundial de este tipo de explotaciones queda reflejada en que la mayoría de las reservas mundiales de fosfatos se encuentran en Marruecos, donde el país representa aproximadamente el 70% de las reservas totales o 50 billones de toneladas. También es el segundo mayor productor y la mayor parte de la producción proviene de la mina de Bucraa en el Sahara Occidental. Marruecos sigue siendo el mayor exportador de fosfato. Sin embargo, el alto costo de la minería y las amenazas de guerra han descarrilado la producción de fosfato en el país.

Bucraa es una ciudad en la región de Saguia el Hamra, al norte del Sahara Occidental hacia el sur y ligeramente hacia el este con respecto a la ciudad de El Aaiún. Está habitada casi por completo por los empleados de la industria de la minería de fosfatos, controlada por Marruecos. Durante la colonización por parte de los españoles del área, muchos de los primeros reclutas de los movimientos nacionalistas Harakat Tahrir y el Frente Polisario eran trabajadores saharauis de estas minas de fosfatos.

Los fosfatos son transportados hasta la costa a través de una cinta transportadora automatizada, considerada la más larga del mundo en su categoría. Este sistema de transporte ha sido vandalizado y deshabilitado en varias ocasiones por el Frente Polisario, durante la guerra que mantuvieron contra el Ejército Real de Marruecos desde 1976. Estos ataques han ido cesando gradualmente después de que la ciudad fuera rodeada a principios de los años 1980 por el Muro marroquí, estando hoy en día la ciudad bajo control de los marroquíes. (Fuente:

https://es.wikipedia.org/wiki/Fos_Bucraa)

PHOSBOUCRAA ACTUAL

Como se ha comentado anteriormente, Phosboucraa fue establecida en 1962 por la empresa estatal española INI con operaciones mineras en Boucraa a partir de 1972. El Grupo OCP adquirió una participación del 65% de Phosboucraa en 1976 y se convirtió en el único propietario en 2002. Su actividad consiste en minería, procesamiento y comercialización de fosfato de roca. Phosboucraa representa aproximadamente el 4,6% de los ingresos totales del Grupo OCP, el 3,7% del EBITDA, el 8,2% de su capacidad de extracción en 2016.

Las actividades mineras se ubican a 140 km por carretera desde Laâyoune, nombre con la que se conoce actualmente la antigua capital El

Aaiún, lejos de cualquier área de envío posible, mientras que la planta de beneficio y el muelle se encuentran en la playa de Laâyoune, a 20 km de la ciudad. Una cinta transportadora de 102 km de largo se utiliza para transportar fosfatos desde la mina a la playa. La sede central se encuentra en la ciudad de Laâyoune.

Aproximadamente el 70% de las inversiones totales para desarrollar Phosboucraa desde su creación se han realizado desde 2002, cuando Phosboucraa pasó a ser totalmente propiedad de OCP. Estas inversiones han llevado a mejoras significativas en la eficiencia operativa y han permitido una mayor consolidación de los activos, incluida una mejora sustancial de la sostenibilidad general de la compañía.

Phosboucraa es un importante contribuyente a la economía local y regional: el OPEX y las inversiones industriales contribuyen a sostener activamente una red creciente de 50 pymes locales, proveedores y proveedores de servicios que emplean a más de 1.000 personas que han impulsado sus respectivas economías locales y regiones cercanas. Para las comunidades locales y las empresas, los

PHOUSBOUCRAA EN GOOGLE MAPS

beneficios de esta estrategia son inmediatos y transformadores a largo plazo.

La OCP desempeña un papel importante en la alimentación de una población global en crecimiento, al proporcionar elementos esenciales para la fertilidad del suelo y el crecimiento de las plantas. Con casi un siglo de experiencia e ingresos que alcanzaron los 5.0 mil millones de dólares en 2017, OCP Group es líder en la roca de fosfato y el primer productor mundial de fertilizantes a base de fosfato. OCP ofrece una amplia gama de productos fertilizantes bien adaptados para mejorar el suelo, aumentar los rendimientos agrícolas y ayudar a alimentar el planeta de una manera sostenible y asequible. Gracias a su estrategia de desarrollo industrial integrado a gran escala, OCP está presente en toda la cadena de valor del fosfato y opera en todas sus líneas de negocios, ofreciendo a sus 23,000 empleados un camino de desarrollo centrado en la excelencia. Con sede en Marruecos, OCP trabaja en estrecha colaboración con más de 160 clientes en los 5 continentes. Comprometido a servir mejor al desarrollo de África, OCP coloca la innovación en el centro de su estrategia, en particular para implementar una agricultura sostenible y próspera en el continente. Como actor industrial responsable, OCP está firmemente comprometido con el desarrollo ambiental, social y humano de África. El Grupo está firmemente convencido de que el liderazgo y la rentabilidad son necesariamente sinónimos de responsabilidad social y desarrollo sostenible. Su visión estratégica reside en el encuentro de estas dos dimensiones.

La Fundación Phosboucraa fue creada en mayo de 2014 para operar por el bienestar de las comunidades en las 3 regiones del sur de

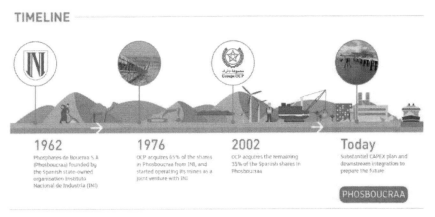

TIMELINE

1962
Phosphates de Boucraa S.A (Phosboucraa) founded by the Spanish state-owned organisation Instituto Nacional de Industria (INI)

1976
OCP acquires 65% of the shares in Phosboucraa from INI, and started operating its mines as a joint venture with INI

2002
OCP acquires the remaining 35% of the Spanish shares in Phosboucraa

Today
Substantiel CAPEX plan and downstream integration to prepare the future

PHOSBOUCRAA

Marruecos. Desde nuestra fundación, hemos desarrollado programas sostenibles de relevancia local que cubren la región de Guelmim Oued Noun, Laayoun Sakia El Hamra y Dakhla Oued Eddahab.

Todos los miembros de nuestro equipo trabajan juntos hacia un objetivo común, responden a las necesidades únicas de las comunidades de las regiones del sur de Marruecos a través de programas adaptados.

PHOSBOUCRAA EN CIFRAS

KEY FIGURES

⏴**100%** owned by OCP
since 2002

⏴**100%** reinvestment
of all profits made by Phosboucraa
in the region
- Since 2006: MAD 3.2 Billions spent into the region
- Between 1997 and 2013: MAD 19.3 Billions total NPV of Cash-Flows spent into the region

⏴Approximately **2%** of Morocco's
phosphate reserves (source: USGS, IFDC)

⏴Phosboucraa's salary range and
base salary **are the same for
all employees**, regardless
of their origin

⏴**No dividends** from
Phosboucraa's activities are
served to OCP

⏴MAD **20.2 Billions**
Committed investment over
the period 2012-2022

⏴Expected MAD **35 Billions**
direct and indirect impact on
the region's economy (in terms
of local wages and revenues
generated by local businesses)
between 2014 and 2022

⏴**2,195*** employees
(of which **75%** are locals)

⏴**First private employer**
in the region

⏴Phosboucraa's extraction costs
are more than **2.5 times
higher** than in other OCP mining
sites

⏴Up to **5,080 new jobs** to be
created in the region between
2014 and 2022

⏴The mining site is located **102 km**
away from the only possible shipping
area

* In addition to **130 employees from the region** employed by OCP in its Northern operations
(Khouribga, Safi, Casablanca, Jorf Lasfar, Benguerir and Youssoufia)

PHOSBOUCRAA

http://www.phosboucraa.ma/company/about-ocp-group

PEQUEÑO DICCIONARIO CASTELLANO - HASSANIA

ESPAÑOL	HASSANIA
SALUDOS, CORTESÍA Y OTROS	
¿Qué tal estás?	¿Eshquifak?
Bien	La-bas
¿Has tenido buen viaje?	¿Asafar zein?
¿Estás Cansado/a?	Fatran / a?
¿Cómo te llamas?	Asmak / Asmek?
Yo me llamo...	Ana Asmí...
¿Cuántos años tienes?	Cam Andak / Cam Andek Min Sanna?
¿Cómo Estás?	¿Eshnabtak?
Muy bien, gracias.	Bijair, shucran/La-bas.
La Paz	Salám

Buenos Días	Sabah El-Jer
Buenas Tardes	Em sal jeir
Buenas Noches	Leila Saida
Hasta mañana	Ila-Lagad/tasbah Ala-jeir
Adiós	Ma-hbas
Este es mi hijo, se llama...	Hadha Waladi (Wldi), Asmu...
Esta es mi hija, se llama...	Hadhi Menti, Asmiha...
¿Cómo se llaman tus padres?	Asm Buc ua Umac?
¿Cuántos hermanos tienes?	Cam Jutac?
¿Cuántas hermanas tienes?	Cam Ajuatac?
¿Cómo se llaman tus hermanos?	Asm Jutac?
¿Dónde vives?	Emnein Tuscun?
¿En qué Daira?	¿Fi Ei Daira?
¿Dónde trabaja tu Papá?	Emnein Yastagal Buc?
Más	Akzar
Menos	Agal
Si	Hag (Naam)
No	Abda (La)

Yo	Ana
Tú	Enta / Enti (fem.)
Él, ella	Hua / Hia
Nosotros	Ahna (Nahnu)

DESCRIPCIÓN DE LA CASA

Este es tu cuarto	Hadha Beitac/Beitec
Aquí puedes dormir	Hon Teguid Tergued.
Este es el cuarto de baño	Hadha Beit El-ma (Marhad)
Esta es la cocina	Hadhi El-Cusina
Esto es el comedor	Hadha Matham
En el cuarto de baño...	Fi Beit El-ma…

ASEO PERSONAL

Aseo	Beit-Elma (Marhad)

¿Quieres ir al aseo?	Tabgui Taguis Beit Elma?
¿Quieres lavarte?	Begui Tagsul?
Quítate la ropa	Afsaj El-Basac
Quítate los zapatos	Aglac Esbabitac
Esta es la ducha/ bañarse	Hadhi Laduch. / sahja
Jabón	Essabun
Toalla	Futa

SALUD

Cabeza	Ras
Ojo	Á-ain
La frente	Jabha / Shebha.
Pecho	El-Gachuch
Garganta	Ragba
Rodilla	Recba
El pié	Lecraa
¿Qué dolor tienes?	¿Ach Yau-jac?
¿Te duelen los ojos?	¿Yau-juc Ainic?

¿Te duelen los oídos?	¿Yaujuc Udhnic?
¿Te duele?	¿Yaujac? / Yauchaac?
¿Te duele la cabeza?	¿Yaujac Rasac?
¿Estás enfermo?	¿Enta Marid?
¿Tienes frío?	¿Enta Bardan?
Calor	Haman / El-Haman.
Abre la boca	Aftah Fumac
¿Tienes miedo?	¿Jaif?
Miedo	El-Jauf
Aguanta	Asbir
¿Quieres dormir?	¿Door Targud?
Dormir	Argad / Erguid.
Tienes que tomar estas pastillas	Jasac Tachrab Hadha Elfanid
Tres veces al día	Zalaza Marat Fi Nihar
¿Tienes fiebre?	¿Gabdtac el Hama?
Nariz	Jechm
Boca	Fum
Cuello	Ragba
Estómago	Kerch

Brazo	Dra-á
Pelo	Azgab
Dientes	Senein
Ojos	Ainin
Piernas	Reylein / Rechlein.
Pies	Karain
Manos	Aidin
Médico	Al-Tabib/Etbib
Vamos a ir al médico	Ial- Lah Enguisu Al-Tabib / Etbib

COMIDA

Carne, Huevos, Pescado	Laham/Elham/Baid
Verduras	Jadhra
Tomate	Maticha (Tamatum)
Patata	Batata
Agua	Elma
Esto es pescado	Hadha Hut

Pollos / Pollo / Gallina	Eddjaj (Diuc)/ Díc / Dica.
Tomate, Patata, Cebolla	Matisha, Batata, Leb-Sal (Basla).
¿Quieres repetir?	¿Bagui Taul?
¿Quieres Agua?	¿Door Elma?
Comida / Comer/ Cena	Lukil/Naucal/Leaccha
Te gusta: ¿Manzana, Plátanos?	Tabgui Tufah El banan
¿Te gusta la carne?	¿Tabgui el Ham?
Esto es carne de Cerdo	Hadha Laham Janzir (Jaluf) Haluf
Esto es carne de Cordero.	Hadha Laham Lejruf/Cabch
Carne de vaca	Laham Bagraa,
Esto lo puedes comer	Hadha Teguid Tauklu
Esto es zumo de naranja	Hadha Asir El-Burtugal.
Puedes beberlo	Teguid Techrabu
Esto es vino, no puedes tomarlo	Hadha el Jameer, Maa Tgued
¿Quieres un bocadillo de queso?	¿Door Jabsa Maa (jabn)
¿Quieres comer?	¿Door Taukal?

Es hora de comer	Hadi saet lukil
¿Tienes hambre?	¿Yiaan (..a)? (Jiaan?)
Desayuno.	Leftur.

COMPORTAMIENTO

Esto es peligroso	Hada Jatir
Ten Cuidado	Et Qaais (Etcais)
No te alejes	La Etbaad
Accidente de Tráfico	Hadhaz Murur Ecsidah
Vamos a ir	Yallah Nimchu Choor
Contar	Lehsab
Esto es una fantasía	Chei Jayali / Chi Jayali.
Esto no es posible	Hadha ma Yasih
Esto es antiguo	Hadha Gadim/Bali
No te alejes de la casa	La Etbaad ani Daar
¿Quieres jugar?	¿Bagui Talab?
Esto está bien	Hadha Zein
Esto está mal	Hadha Chein

¿Te gusta la playa?	¿Tabgui Lebhar?
¿Te gusta la piscina?	¿Tabgui Piscina?
¿Sabes nadar?	¿Taaraf Taum?
Mira estas letras	Jaraas Elhuruf
Mira esa letra	Jaraas Hadha El-harf
Esto no lo puedes tocar	Hadha ma Taguid
Vete a jugar con los niños	Emchi Alab maa Terca
Este es mi coche	Hadhi Vati (Seyarati)
No te apoyes aquí	La Etsenad hon
¿Qué quieres?	¿Shebgueit?
Por favor	Menfadlak / Menfadlek. (fem.)
Perdón	Asmahli
¡Ven aquí!	Et - Áala! / Et-alailah.
¡Escúchame!	Asma-Á!i / Sanat./
¿Me comprendes?	¿Fahem?
Cariño	Habibi/Habibati (fem)
Si Dios quiere	Inch Allah
¿Qué noticias tienes?	La Jbar/Eshandac min Lajbar.

Te queremos mucho	Nibguk Igbala
Te quiero mucho	Nibgik Igbala
Espera un poco	Hani Ichuei
Vamos a dar un paseo	Yalah Nisdru
Vamos a ver a la familia	Yalah inchuvu ilaaila
Dame un beso	Atini haba (hibni)
Dame un abrazo	Daraili / Darili.
Soy tu amigo	Ana Sahabak/ Ana Sadigak
Este pueblo se llama...	Hadi Ikchra (daira) esmba...
Esto es para ti	Hada lek inta
Esto es para tus hermanos	Hada lek li ijutak
Que tengas un buen viaje	Sefar saaik (Safar saik)

NUMERALES

Uno	Uahed
Dos	Aznain
Tres	Azlaza

Cuatro	Arbaa
Cinco	Hamsa
Seis	Seta
Siete	Sabaa
Ocho	Azmania
Nueve	Tesaa
Diez	Achra

CALENDARIO

Minuto	Daqiqa
Hora	Sá-á
Día	Ioum
Semana	Esbou-á
Mes	Ech-Har
Año	ElÁ-Am
Anteayer	Awannames
Ayer	Iames
Hoy	Elium

Mañana	Sobeh
Pasado mañana	Enhar el maho sobeh

COLORES

Azul	Asdraç
Amarillo	Asfar
Rojo	Ahmar
Verde	Ahda
Lunes	Laznein
Martes	Ezlaza
Miércoles	Larb-Aa
Jueves	Lejmis
Viernes	Elyumu-Áa
Sábado	Essebt
Domingo	El-Had

El traductor granadino José Aguilera presentó hoy en Málaga (sur de España) el primer diccionario español-árabe hasanía, el dialecto que se habla en el sur de Marruecos. Palabras como "hurria" (independencia), "tam-ma" (perseverancia), "talab" (reivindicación) o "helem" (sueño) suenan con fuerza entre las 7.000 entradas que conforman este manual editado por el Centro de Ediciones de la Diputación de Málaga (CEDMA) en colaboración con la Universidad malagueña (UMA).

Aunque Aguilera concluyó el diccionario a principios de los años 70, han sido muchas las dificultades que ha encontrado durante este tiempo para publicarlo "por cuestiones de alta política".

A sus ochenta años, el que fuese miembro del Cuerpo de Interpretación de Árabe y Bereber ha visto materializados sus años de trabajo con los refugiados, coincidiendo con el 50 aniversario de la desaparición del Centro de Estudios Marroquíes de Tetuán.

La primera edición del diccionario español-hasanía, que aspira a convertirse en una herramienta básica de comunicación para las familias que acogen en verano a niños saharauis, constará de unos mil ejemplares, si bien no se descartan nuevas reediciones en función de la demanda, y se distribuirán en librerías, en el CEDMA y probablemente también en los campamentos de refugiados.

El hasanía es el dialecto árabe que se habla en los territorios del antiguo Sahara

Español y en Mauritania. Esta diccionario español-hasanía es el resultado, por un lado, de la propia experiencia del autor -que durante varias décadas trabajó en la zona para el Cuerpo de Interpretación de árabe y Beréber- y, por otro, de una completa investigación sobre las fuentes secundarias, especialmente francesas, que se han acercado a esta lengua. Se trata, por tanto, de una obra única en el ámbito del habla hispana. Además de ser un magnífico instrumento para los investigadores sobre los dialectos árabes, este diccionario supone un acercamiento al pueblo saharaui, no sólo material, pues sin duda facilitará las relaciones con ellos, sino también simbólico, ya que supone el reconocimiento al hasanía de sus estatutos como lengua nacional de ese colectivo y parte inseparable de su identidad. (1)

CITAS Y REFERENCIAS

https://es.wikipedia.org/wiki/Sahara_españ
ol

https://www.elperiodicodearagon.com/

https://es.wikipedia.org/wiki/Hassan%C3%
ADa

https://es.wikipedia.org/wiki/Esmarahttps:/
/es.wikipedia.org/wiki/Federico_G%C3%B3
mez_de_Salazar

https://es.wikipedia.org/wiki/Tuareg

http://www.sahara-
developpement.com/Sahara-
Occidental/Pesca

https://es.wikipedia.org/wiki/Fos_Bucraa

https://www.webislam.com/articulos/30788.
html

http://www.phosboucraa.ma/company/about
-ocp-group

https://andaluciainformacion.es/

http://www.diariosigloxxi.com/

https://es.wikipedia.org/wiki/Historia del Sahara Occidental

https://www.icog.es/TyT/index.php/2013/02/manuel-alia-medina-in-memoriam/

BreveHistoriaDeRadioSahara-4183975.pdf. Anuario Jurídico y Económico Escurialense, XLVI (2013) 585-614 / ISSN: 1133-3677. Dr. Francisco José MONTES FERNÁNDEZ Exprofesor Universidad Complutense

Ilustración 52 - GEOGRAFÍA UNIVERSAL-AFRICA. INSTITUTO GALLACH. Sin fecha de emisión

NOTA SOBRE EL DICCIONARIO ESPAÑOL-HASSANIA, AGENCIA EFE 07/02/2007

ÍNDICE

Printed in Great Britain
by Amazon

10470144R00201